大方廣佛華嚴經 讀誦

23

🪷 일러두기

1. 『독송본 한문·한글역 대방광불화엄경』은 실차난타가 한역(695~699)한 80권 『대방광불화엄경』의 한문 원문과 한글역을 함께 수록한 것이다. 한문에는 음사와 현토를 부기하였다.

2. 원문의 저본은 고종 2년(1865) 월정사에서 인경한 고려대장경 『대방광불화엄경』에 한암 스님이 현토(1949년)한 것을 범룡 스님이 영인 출판(1990년)한 『대방광불화엄경』이다.

3. 한문은 저본에서 누락되었거나 글자가 다르다고 판단된 부분은 저본인 고려대장경 각권의 말미에 교감되어 있는 내용을 중심으로 하고 봉은사판 『대방광불화엄경수소연의초』와 신수대장경 각주에서 밝힌 교감본을 참조하여 보입하고 수정하였다.

4. 한글 번역은 동국역경원에서 발간한 한글 『대방광불화엄경』(운허)을 중심으로 하고 『신화엄경합론』(탄허)과 『대방광불화엄경 강설』(여천무비) 그리고 최근의 여타 번역본 등을 참조하였다.

5. 저본의 원문에서 이체자의 경우 훈글이 제공하는 이체자는 그대로 살리고 훈글이 제공하지 않는 글자는 통용되는 정자로 바꾸었다. 예) 間 → 閒 / 焰 → 焱 / 宫 → 宮 / 俻 → 稱

6. 한글 번역은 독송과 사경을 위하여 정확성과 아울러 가독성을 고려하였다. 극존칭은 부처님과 불경계에 대해서만 사용하였다.

7. 독송본의 차례는 일러두기 → 본문 → 화엄경 목차 → 간행사의 순차이다.
   (법공양판에는 간행사 다음에 간행불사 동참자를 밝혀 두었다.)

8. 독송본의 한글역은 사경의 편의를 도모하기 위해 그 편집을 달리하여 『사경본 한글역 대방광불화엄경』으로 함께 간행한다. 독송본과 사경본 모두 80권 『대방광불화엄경』의 권별 목차 순으로 간행한다.

독송본 한문·한글역

대방광불화엄경 제23권
大方廣佛華嚴經 卷第二十三

24. 도솔궁중게찬품
兜率宮中偈讚品 第二十四

25. 십회향품 [1]
十迴向品 第二十五之一

실차난타 한역
수미해주 한글역

23

大方廣佛華嚴經第二十三卷變相 周

대방광불화엄경 제23권 변상도

대방광불화엄경
제23권

24. 도솔궁중게찬품

如是我聞一時
提場中始成正
寶輪及衆寶華
海無邊顯現摩
衆寶羅網妙香
現自在雨無盡
行列枝葉光茂
嚴於中影現其
瑠璃為幹衆雜
蓋如雲寶華雜
其果含輝發酸
明於光明內

대방광불화엄경 권제이십삼
大方廣佛華嚴經 卷第二十三

도솔궁중게찬품 제이십사
兜率宮中偈讚品 第二十四

이시　　불신력고　　시방각유일대보살　　일일
爾時에 佛神力故로 十方各有一大菩薩이 一一

각여만불찰미진수제보살　　구　　종만불찰
各與萬佛刹微塵數諸菩薩로 俱하사 從萬佛刹

미진수국토외제세계중　　내예불소
微塵數國土外諸世界中하야 來詣佛所하시니라

대방광불화엄경 제23권

24. 도솔궁중게찬품

그때에 부처님의 위신력으로 시방에 각각 한 큰 보살이 있어, 낱낱 보살이 각각 일만 부처님 세계 미진수의 모든 보살들과 함께 일만 부처님 세계 미진수의 국토 밖 모든 세계로부터 부처님 처소로 왔다.

기명왈금강당보살　　　견고당보살　　　용맹당
其名曰金剛幢菩薩과　堅固幢菩薩과　勇猛幢

보살　　광명당보살　　　지당보살　　　보당보살
菩薩과　光明幢菩薩과　智幢菩薩과　寶幢菩薩과

정진당보살　　이구당보살　　　성수당보살　　　법
精進幢菩薩과　離垢幢菩薩과　星宿幢菩薩과　法

당보살
幢菩薩이니라

소종래국　　위묘보세계　　묘락세계　　묘은세
所從來國은　謂妙寶世界와　妙樂世界와　妙銀世

계　　묘금세계　　묘마니세계　　묘금강세계
界와　妙金世界와　妙摩尼世界와　妙金剛世界와

묘파두마세계　　묘우발라세계　　묘전단세
妙波頭摩世界와　妙優鉢羅世界와　妙栴檀世

계　　묘향세계
界와　妙香世界니라

그 이름은 금강당 보살과 견고당 보살과 용맹당 보살과 광명당 보살과 지당 보살과 보당 보살과 정진당 보살과 이구당 보살과 성수당 보살과 법당 보살이었다.

떠나온 국토는 이른바 묘보 세계와 묘락 세계와 묘은 세계와 묘금 세계와 묘마니 세계와 묘금강 세계와 묘파두마 세계와 묘우발라 세계와 묘전단 세계와 묘향 세계였다.

각각 부처님 처소에서 범행을 청정하게 닦았으니 이른바 무진당 부처님과 풍당 부처님과 해탈당 부처님과 위의당 부처님과 명상당 부

각어불소　정수범행　　소위무진당불
各於佛所에 **淨修梵行**하시니 **所謂無盡幢佛**과

풍당불　해탈당불　위의당불　명상당불
風幢佛과 **解脫幢佛**과 **威儀幢佛**과 **明相幢佛**과

상당불　최승당불　자재당불　범당불　관
常幢佛과 **最勝幢佛**과 **自在幢佛**과 **梵幢佛**과 **觀**

찰당불
察幢佛이니라

기제보살　지불소이　정례불족　이불
其諸菩薩이 **至佛所已**하야 **頂禮佛足**하고 **以佛**

신력　즉화작묘보장사자지좌　　보망미
神力으로 **卽化作妙寶藏師子之座**하사대 **寶網彌**

부　주잡변만　제보살중　수소래방
覆하야 **周帀徧滿**이어든 **諸菩薩衆**이 **隨所來方**하야

처님과 상당 부처님과 최승당 부처님과 자재당 부처님과 범당 부처님과 관찰당 부처님이셨다.

그 모든 보살들이 부처님 처소에 이르러서는 부처님의 발에 정례하고, 부처님의 위신력으로 곧 묘보장 사자좌를 변화하여 만들었다. 보배 그물로 두루 덮어 두루 가득하였는데, 모든 보살 대중들이 온 바 방위를 따라 각각 그 위에 결가부좌하였다.

각어기상　결가부좌
各於其上에 **結跏趺坐**하시니라

기신　　실방백천억나유타아승지청정광
其身에 **悉放百千億那由他阿僧祇淸淨光**

명　　　차무량광　개종보살　　청정심보
明하시니 **此無量光**이 **皆從菩薩**의 **淸淨心寶**와

이중과악　대원소기　현시일체제불자재
離衆過惡한 **大願所起**라 **顯示一切諸佛自在**

청정지법　　이제보살평등원력　　능보구
淸淨之法하며 **以諸菩薩平等願力**으로 **能普救**

호일체중생　　일체세간지소락견　　견
護一切衆生하시니 **一切世間之所樂見**이라 **見**

자　불허　　실득조복
者가 **不虛**하야 **悉得調伏**이러라

그 몸에서 다 백천억 나유타 아승지의 청정한 광명을 놓았다. 이 한량없는 광명은 다 보살의 청정한 마음의 보배와 온갖 허물을 여읜 큰 원력으로 일어난 것이며, 일체 모든 부처님의 자재하고 청정한 법을 나타내 보이며, 모든 보살들의 평등한 원력으로 능히 일체 중생을 널리 구호하니, 일체 세간의 즐겨 보는 바이며, 보는 자는 헛되지 아니하여 모두 조복함을 얻었다.

기보살중　　실이성취무량공덕　　　소위변
其菩薩衆이　悉已成就無量功德하시니　所謂徧

유일체제불국토　　무소장애　　견무의지
遊一切諸佛國土호대　無所障礙하며　見無依止

청정법신　　이지혜신　　현무량신　　변왕
清淨法身하며　以智慧身으로　現無量身하야　徧往

시방　　승사제불　　입어제불무량무변불
十方하야　承事諸佛하며　入於諸佛無量無邊不

가사의자재지법
可思議自在之法하나라

주어무량일체지문　　이지광명　　선료제
住於無量一切智門하야　以智光明으로　善了諸

법　　어제법중　　득무소외　　수소연설
法하며　於諸法中에　得無所畏하야　隨所演說하야

궁미래제　　변재무진　　이대지혜　　개총
窮未來際호대　辯才無盡하며　以大智慧로　開總

그 보살 대중들은 다 한량없는 공덕을 이미 성취하였다.

이른바 일체 모든 부처님의 국토에 두루 노닐되 장애하는 바가 없으며, 의지함이 없는 청정한 법신을 보았다. 지혜의 몸으로 한량없는 몸을 나타내어 시방으로 두루 다니면서 모든 부처님을 받들어 섬기며, 모든 부처님의 한량없고 가없고 불가사의한 자재한 법에 들어갔다.

한량없는 일체 지혜의 문에 머물러 지혜의 광명으로 모든 법을 잘 알며, 모든 법 가운데서 두려울 바 없음을 얻어 연설하는 바를 따

지문   혜안청정   입심법계   지혜경
持門하며 慧眼淸淨하야 入深法界하며 智慧境

계   무유변제   구경청정   유약허공
界가 無有邊際하며 究竟淸淨이 猶若虛空이러라

여차세계도솔천궁   제보살중   여시래
如此世界兜率天宮에 諸菩薩衆이 如是來

집   시방일체도솔천궁   실유여시명호보
集하야 十方一切兜率天宮에 悉有如是名号菩

살   이래집회   소종래국   제불명호   역
薩이 而來集會하시니 所從來國과 諸佛名号도 亦

개동등   무유차별
皆同等하야 無有差別이러라

라 미래제가 다하도록 변재가 다함이 없으며, 큰 지혜로 총지문을 열며, 지혜의 눈이 청정하여 깊은 법계에 들어가며, 지혜의 경계가 끝이 없으며, 구경까지 청정함이 마치 허공과 같았다.

이 세계의 도솔천궁에 모든 보살 대중들이 이와 같이 모여오는 것처럼 시방의 일체 도솔천궁에서도 다 이와 같은 명호를 가진 보살들이 모여왔다. 떠나온 나라와 모든 부처님의 명호도 또한 다 동등하여 차별이 없었다.

이시   세존   종양슬륜   방백천억나유타
爾時에 世尊이 從兩膝輪하사 放百千億那由他

광명   보조시방진법계허공계일체세계
光明하사 普照十方盡法界虛空界一切世界하신대

피제보살   개견어차불신변상   차제보살
彼諸菩薩이 皆見於此佛神變相하며 此諸菩薩도

역견어피일체여래신변지상
亦見於彼一切如來神變之相하시니라

여시보살   개여비로자나여래   어왕석시
如是菩薩이 皆與毗盧遮那如來로 於往昔時에

동종선근   수보살행   실이오입제불자
同種善根하야 修菩薩行일새 悉已悟入諸佛自

재심심해탈   득무차별법계지신
在甚深解脫하야 得無差別法界之身하니라

그때에 세존께서 두 무릎으로 백천억 나유타 광명을 놓아 시방의 온 법계와 허공계의 일체 세계를 널리 비추시니, 그곳의 모든 보살들이 이곳 부처님의 신통변화하시는 모습을 모두 보고, 이곳의 모든 보살들도 또한 그곳 일체 여래의 신통변화하시는 모습을 보았다.

이와 같은 보살들은 다 비로자나여래와 함께 지난 옛적에 선근을 같이 심으면서 보살행을 닦았으니, 모두 이미 모든 부처님의 자재하신 매우 깊은 해탈에 깨달아 들어가서 차별이 없는 법계의 몸을 얻었다.

입일체토　　이무소주　　　견무량불　　실왕
入一切土호대 而無所住하야 見無量佛하고 悉往

승사　　어일념중　　주행법계　　자재무애
承事하며 於一念中에 周行法界하야 自在無礙호대

심의청정　　여무가보
心意清淨이 如無價寶하니라

무량무수제불여래　　상가호념　　　공여기
無量無數諸佛如來가 常加護念하사 共與其

력　　도어구경제일피안
力하야 到於究竟第一彼岸하니라

항이정념　　주무상각　　염념항입일체지
恒以淨念으로 住無上覺하야 念念恒入一切智

처　　이소입대　　이대입소　　개득자재
處하며 以小入大하고 以大入小에 皆得自在하야

통달무애
通達無礙하니라

일체 국토에 들어가되 머무르는 바가 없고 한량없는 부처님을 친견하고 모두 나아가 받들어 섬겼다. 한 생각 동안에 법계에 두루 다니되 자재하여 걸림이 없고 마음이 청정함이 마치 값을 매길 수 없는 보배와 같았다.

한량없고 수없는 모든 부처님 여래께서 항상 호념하심을 더하여 함께 그 힘을 주셔서 구경이며 제일인 피안에 이르렀다.

항상 청정한 생각으로 위없는 깨달음에 머물러서 생각생각 항상 일체지처에 들어갔다. 작은 것으로써 큰 것에 들어가고 큰 것으로써 작은 것에 들어가되 모두 자재함을 얻어 통달

이득불신　　여불동주　　획일체지　　종일
已得佛身하야 與佛同住하며 獲一切智하고 從一

체지　　이생기신　　일체여래소행지처
切智하야 而生其身하며 一切如來所行之處에

실능수입　　개천무량지혜법문　　도금강
悉能隨入하야 開闡無量智慧法門하며 到金剛

당대지피안　　획금강정　　단제의혹
幢大智彼岸하야 獲金剛定하야 斷諸疑惑하나라

이득제불자재신통　　보어일체시방국토
已得諸佛自在神通하야 普於一切十方國土에

교화조복백천만억무수중생　　어일체수
敎化調伏百千萬億無數衆生호대 於一切數에

수무소착　　선능수학성취구경　　방편안
雖無所著이나 善能修學成就究竟하야 方便安

립일체제법
立一切諸法이라

하여 걸림이 없었다.

이미 부처님 몸을 얻어 부처님과 더불어 같이 머무르며, 일체지를 얻고 일체지로부터 그 몸을 내어 일체 여래의 행하시는 곳에 다 능히 따라 들어가서 한량없는 지혜의 법문을 열며, 금강당의 큰 지혜인 피안에 이르러 금강삼매를 얻어 모든 의혹을 끊었다.

이미 모든 부처님의 자재한 신통을 얻어 널리 일체 시방의 국토에서 백천만억 수없는 중생들을 교화하고 조복하면서도 일체 수효에 비록 집착하는 바가 없으나, 잘 능히 닦고 배워서 구경까지 성취하고 방편으로 일체 모든

여시등백천억나유타불가설무진청정삼세
如是等百千億那由他不可說無盡淸淨三世

일체무량공덕장제보살중　　개래집회　　　재
一切無量功德藏諸菩薩衆이 **皆來集會**하야 **在**

어불소　　　인광소견일체불소　실역여시
於佛所하시니 **因光所見一切佛所**도 **悉亦如是**러라

법을 안립하였다.

　이와 같은 등 백천억 나유타 말할 수 없고 다함없이 청정한 삼세 일체의 한량없는 공덕 장 모든 보살 대중들이 다 모여와서 부처님 처 소에 있었다. 광명으로 인하여 보이는 일체 부 처님 처소에서도 다 또한 이와 같았다.

이시　금강당보살　승불신력　보관시
爾時에 金剛幢菩薩이 承佛神力하사 普觀十

방　　이설송언
方하고 而說頌言하시니라

여래불출세　　　　역무유열반
如來不出世며　　　亦無有涅槃이로대

이본대원력　　　　시현자재법
以本大願力으로　　示現自在法하시니

시법난사의　　　　비심소행처
是法難思議라　　　非心所行處니

지혜도피안　　　　내견제불경
智慧到彼岸하야사　乃見諸佛境이로다

그때에 금강당 보살이 부처님의 위신력을 받들어 시방을 널리 관찰하고 게송을 설하여 말씀하였다.

여래는 세상에 나시지도 않고
또한 열반도 없으나
본래의 큰 원력으로
자재한 법을 나타내 보이시도다.

이 법은 사의하기 어렵고
마음이 행하는 곳도 아니니
지혜로 피안에 이르러야
이에 모든 부처님 경계를 보리라.

색신비시불
色身非是佛이며

음성역부연
音聲亦復然이로대

역불리색성
亦不離色聲하고

견불신통력
見佛神通力이어늘

소지불능지
少智不能知

제불실경계
諸佛實境界하나니

구수청정업
久修淸淨業하야사

어차내능료
於此乃能了로다

정각무래처
正覺無來處며

거역무소종
去亦無所從이로대

청정묘색신
淸淨妙色身을

신력고현현
神力故顯現이로다

색신은 부처님이 아니며
음성도 또다시 그러하나
또한 색신과 음성을 떠나서
부처님 신통력을 보는 것도 아니로다.

지혜가 적은 이는 모든 부처님의
참된 경계를 능히 알지 못하니
청정한 업을 오래 닦아야
이것을 알 수 있도다.

정각은 온 곳도 없으며
가는 것 또한 좇을 곳 없으나
청정하고 미묘한 색신을
위신력으로 나타내시도다.

무량세계중
無量世界中에

시현여래신
示現如來身하사

광설미묘법
廣說微妙法하사대

기심무소착
其心無所著이로다

지혜무변제
智慧無邊際하사

요달일체법
了達一切法하고

보입어법계
普入於法界하사

시현자재력
示現自在力이로다

중생급제법
衆生及諸法에

요달개무애
了達皆無礙하고

보현중색상
普現衆色像하사

변어일체찰
徧於一切刹이로다

한량없는 세계 가운데
여래의 몸을 나타내 보이시어
미묘한 법을 널리 설하시나
그 마음은 집착하시는 바가 없도다.

지혜는 끝이 없어
일체 법을 요달하고
법계에 널리 들어가
자재한 힘을 나타내 보이시도다.

중생과 모든 법에
요달하여 모두 걸림이 없어
온갖 색상을 널리 나타내시어
일체 세계에 두루하시도다.

욕구일체지
欲求一切智하야

속성무상각
速成無上覺인댄

응이정묘심
應以淨妙心으로

수습보리행
修習菩提行이어다

약유견여래
若有見如來의

여시위신력
如是威神力인댄

당어최승존
當於最勝尊에

공양물생의
供養勿生疑어다

이시 견고당보살 승불신력 보관시
爾時에 堅固幢菩薩이 承佛神力하사 普觀十

방 이설송언
方하고 而說頌言하시니라

일체 지혜를 구하여

위없는 깨달음을 속히 이루려면

마땅히 청정하고 미묘한 마음으로

보리행을 닦아 익힐지어다.

만약 어떤 이가 여래의

이러한 위신력을 보려면

마땅히 가장 수승하신 세존께

공양올리고 의심을 내지 말지어다.

그때에 견고당 보살이 부처님의 위신력을 받들어 시방을 널리 관찰하고 게송을 설하여 말씀하였다.

여래승무비
如來勝無比하사

심심불가설
甚深不可說이시니

출과언어도
出過言語道하사

청정여허공
清淨如虛空이로다

여관인사자
汝觀人師子의

자재신통력
自在神通力하라

이리어분별
已離於分別하사대

이령분별견
而令分別見이로다

도사위개연
導師爲開演

심심미묘법
甚深微妙法이실새

이시인연고
以是因緣故로

현차무비신
現此無比身이로다

여래는 수승하시기 견줄 데 없고
깊고 깊어 말할 수 없으니
언어의 길을 뛰어넘어
청정하심이 허공과 같도다.

그대는 사람 중 사자의
자재하신 신통력을 관하라
이미 분별을 여의었으나
분별하여 보게 하시도다.

도사께서 깊고 깊은
미묘한 법을 연설하시니
이 인연으로 이 견줄 데 없는
몸을 나타내시도다.

차 시 대 지 혜
此是大智慧라

제 불 소 행 처
諸佛所行處시니

약 욕 요 지 자
若欲了知者인댄

상 응 친 근 불
常應親近佛이어다

의 업 상 청 정
意業常淸淨하야

공 양 제 여 래
供養諸如來호대

종 무 피 염 심
終無疲厭心이면

능 입 어 불 도
能入於佛道로다

구 무 진 공 덕
具無盡功德하야

견 주 보 리 심
堅住菩提心하면

이 시 의 망 제
以是疑網除하야

관 불 무 염 족
觀佛無厭足이로다

이것은 큰 지혜라

모든 부처님께서 행하신 것이니

만약 분명히 알고자 한다면

항상 마땅히 부처님을 친근할지어다.

뜻으로 짓는 업이 항상 청정하여

모든 여래께 공양올려도

마침내 피로하거나 싫은 마음이 없으면

부처님 도에 능히 들어가리라.

다함없는 공덕을 갖추어

보리심에 굳게 머무르면

이로써 의심의 그물을 없애어

부처님을 관함에 싫어함이 없으리라.

통달일체법
通達一切法하면

시내진불자
是乃眞佛子니

차인능요지
此人能了知

제불자재력
諸佛自在力이로다

광대지소설
廣大智所說에

욕위제법본
欲爲諸法本이니

응기승희망
應起勝希望하야

지구무상각
志求無上覺이어다

약유존경불
若有尊敬佛하야

염보어불은
念報於佛恩이면

피인종불리
彼人終不離

일체제불주
一切諸佛住로다

일체 법을 통달하면
이것이 참된 불자이니
이 사람은 능히 모든 부처님의
자재하신 힘을 분명히 알리라.

광대한 지혜로 설하신 것은
모든 법의 근본이 되고자 함이니
마땅히 수승한 희망을 일으켜서
뜻에 위없는 깨달음을 구할지어다.

만약 어떤 이가 부처님을 존경하여
부처님 은혜 갚기를 생각하면
그 사람은 마침내 일체 모든
부처님 주처를 떠나지 않으리라.

하유지혜인
何有智慧人이

어불득견문
於佛得見聞하고

불수청정원
不修淸淨願하야

이불소행도
履佛所行道리오

이시
爾時에

용맹당보살
勇猛幢菩薩이

승불신력
承佛神力하사

보관시
普觀十

방
方하고

이설송언
而說頌言하시니라

비여명정안
譬如明淨眼이

인일도중색
因日覩衆色인달하야

정심역부연
淨心亦復然하야

불력견여래
佛力見如來로다

어찌 지혜 있는 사람이
부처님을 보고 듣고서
청정한 원을 닦아
부처님 행하신 길을 밟지 않으리오.

그때에 용맹당 보살이 부처님의 위신력을 받들어 시방을 널리 관찰하고 게송을 설하여 말씀하였다.

비유하면 밝고 깨끗한 눈이
해로 인하여 온갖 색을 보듯이
청정한 마음도 또한 다시 그러하여
부처님의 힘으로 여래를 보도다.

여이정진력
如以精進力으로

능진해원저
能盡海源底인달하야

지력역여시
智力亦如是하야

득견무량불
得見無量佛이로다

비여양옥전
譬如良沃田에

소종필자장
所種必滋長인달하야

여시정심지
如是淨心地에

출생제불법
出生諸佛法이로다

여인획보장
如人獲寶藏에

영리빈궁고
永離貧窮苦인달하야

보살득불법
菩薩得佛法에

이구심청정
離垢心淸淨이로다

마치 정진하는 힘으로
능히 바다의 근원을 다할 수 있듯이
지혜의 힘도 또한 이와 같아서
한량없는 부처님을 친견하리라.

비유하면 비옥한 밭에
심은 것은 반드시 잘 자라듯이
이와 같이 깨끗한 마음 땅에
모든 부처님 법이 출생하리라.

어떤 사람이 보배창고를 얻으면
빈궁의 고통을 영원히 여의듯이
보살도 불법을 얻으면
때를 여의고 마음이 청정하리라.

비 여 가 타 약
譬如伽陀藥이

능 소 일 체 독
能消一切毒인달하야

불 법 역 여 시
佛法亦如是하야

멸 제 번 뇌 환
滅諸煩惱患이로다

진 실 선 지 식
眞實善知識은

여 래 소 칭 찬
如來所稱讚이시니

이 피 위 신 고
以彼威神故로

득 문 제 불 법
得聞諸佛法이로다

설 어 무 수 겁
設於無數劫에

재 보 시 어 불
財寶施於佛이라도

부 지 불 실 상
不知佛實相이면

차 역 불 명 시
此亦不名施로다

비유하면 아가타약이

일체 독을 능히 소멸하듯이

부처님 법도 또한 이와 같아서

모든 번뇌의 근심을 소멸하도다.

진실한 선지식은

여래께서 칭찬하시는 바이니

그 위신력으로

모든 부처님 법을 듣게 되도다.

설령 수없는 겁 동안

부처님께 재보를 보시하여도

부처님의 진실한 모습을 알지 못하면

이 또한 보시라 이름할 수 없도다.

무량중색상
無量衆色相으로

장엄어불신
莊嚴於佛身이나

비어색상중
非於色相中에

이능견어불
而能見於佛이로다

여래등정각
如來等正覺이

적연항부동
寂然恒不動하사대

이능보현신
而能普現身하사

변만시방계
徧滿十方界로다

비여허공계
譬如虛空界가

불생역불멸
不生亦不滅인달하야

제불법여시
諸佛法如是하야

필경무생멸
畢竟無生滅이로다

한량없는 온갖 색상으로
부처님 몸을 장엄하지만
색상 가운데서
능히 부처님을 보는 것은 아니로다.

여래 등정각께서는
고요하여 항상 움직이시지 않으나
능히 널리 몸을 나타내시어
시방세계에 두루 충만하시도다.

비유하면 허공계가
나지도 않고 없어지지도 않듯이
모든 부처님 법도 이와 같아서
필경에 생멸이 없도다.

이시　　광명당보살　　승불신력　　보관시
爾時에 光明幢菩薩이 承佛神力하사 普觀十

방　　이설송언
方하고 而說頌言하시니라

인간급천상　　　　　일체제세계
人間及天上　　　　一切諸世界에

보견어여래　　　　　청정묘색신
普見於如來　　　　清淨妙色身이로다

비여일심력　　　　　능생종종심
譬如一心力이　　　能生種種心인달하야

여시일불신　　　　　보현일체불
如是一佛身이　　　普現一切佛이로다

   그때에 광명당 보살이 부처님의 위신력을 받들어 시방을 널리 관찰하고 게송을 설하여 말씀하였다.

   인간과 천상
   일체 모든 세계에서
   여래의 청정하고 묘한 색신을
   널리 보도다.

   비유하면 한 마음의 힘이
   갖가지 마음을 능히 내듯이
   이와 같이 한 부처님 몸이
   일체 부처님을 널리 나타내시도다.

보리무이법
菩提無二法이며

역부무제상
亦復無諸相이로대

이어이법중
而於二法中에

현상장엄신
現相莊嚴身이로다

요법성공적
了法性空寂하사

여환이생기
如幻而生起하시니

소행무유진
所行無有盡이라

도사여시현
導師如是現이로다

삼세일체불
三世一切佛이

법신실청정
法身悉淸淨하사대

수기소응화
隨其所應化하야

보현묘색신
普現妙色身이로다

보리는 두 가지 법이 없고

또한 다시 모든 모양도 없으나

두 가지 법 가운데

모습을 나타내어 몸을 장엄하도다.

법의 성품이 공적하나

환과 같이 일어남을 아셔서

행하시는 일이 다함이 없음이여

도사께서 이같이 나타내시도다.

삼세의 일체 부처님은

법신이 다 청정하시나

그 마땅히 교화할 바를 따라서

묘한 색신을 널리 나타내시도다.

여래불념언
如來不念言

아작여시신
我作如是身이라하고

자연이시현
自然而示現하사

미상기분별
未嘗起分別이로다

법계무차별
法界無差別이며

역무소의지
亦無所依止로대

이어세간중
而於世間中에

시현무량신
示現無量身이로다

불신비변화
佛身非變化며

역부비비화
亦復非非化니

어무화법중
於無化法中에

시유변화형
示有變化形이로다

내가 이러한 몸을 짓는다고
여래께서는 생각하시지 않으나
자연히 나타내 보이시니 일찍이
분별을 일으키신 적이 없도다.

법계는 차별이 없으며
또한 의지하는 바도 없으나
세간 가운데
한량없는 몸을 나타내 보이시도다.

부처님 몸은 변화한 것이 아니며
또한 다시 변화하지 않은 것도 아니나
변화가 없는 법 가운데
변화한 형상이 있음을 보이시도다.

정각불가량
正覺不可量이라

법계허공등
法界虛空等하야

심광무애지
深廣無涯底하니

언어도실절
言語道悉絶이로다

여래선통달
如來善通達하사

일체처행도
一切處行道하시니

법계중국토
法界衆國土에

소왕개무애
所往皆無礙로다

이시　지당보살
爾時에 智幢菩薩이

승불신력
承佛神力하사

보관시방
普觀十方하고

이설송언
而說頌言하시니라

정각은 헤아릴 수 없으니

법계와 허공과 평등하여

깊고 넓어 끝이 없어서

언어의 길이 모두 끊어졌도다.

여래께서는 잘 통달하시어

일체 처에서 도를 행하시니

법계의 온갖 국토에

다니시는 바가 다 걸림 없도다.

그때에 지당 보살이 부처님의 위신력을 받들어 시방을 널리 관찰하고 게송을 설하여 말씀하였다.

약인능신수
若人能信受

일체지무애
一切智無礙하야

수습보리행
修習菩提行하면

기심불가량
其心不可量이로다

일체국토중
一切國土中에

보현무량신
普現無量身하사대

이신부재처
而身不在處며

역부주어법
亦不住於法이로다

일일제여래
一一諸如來의

신력시현신
神力示現身을

불가사의겁
不可思議劫에

산수막능진
筭數莫能盡이로다

만약 어떤 이가 능히 일체 지혜가
걸림 없음을 믿고 받아들여서
보리행을 닦아 익히면
그 마음은 헤아릴 수 없으리라.

일체 국토 가운데
한량없는 몸을 널리 나타내시나
몸은 어떤 곳에도 있지 않고
또한 법에도 머무르지 않도다.

낱낱 모든 여래의
위신력으로 나타내시는 몸을
불가사의한 겁 동안
세어도 다할 수 없도다.

삼세제중생
三世諸衆生은

실가지기수
悉可知其數어니와

여래소시현
如來所示現은

기수불가득
其數不可得이로다

혹시시일이
或時示一二와

내지무량신
乃至無量身하사

보현시방찰
普現十方刹하사대

기실무이종
其實無二種이로다

비여정만월
譬如淨滿月이

보현일체수
普現一切水에

영상수무량
影像雖無量이나

본월미증이
本月未曾二인달하야

삼세의 모든 중생들은
그 수효를 다 알 수 있으나
여래께서 나타내 보이시는 바는
그 수효를 얻을 수 없도다.

혹 때로는 하나 둘
내지 한량없는 몸을 보이시어
시방 세계에 널리 나타내시되
실제로는 두 가지가 없도다.

비유하면 깨끗한 보름달이
일체 물에 널리 나타남에
영상이 비록 한량없으나
본래의 달은 일찍이 둘이 아니듯이

여시무애지
如是無礙智로

성취등정각
成就等正覺하사

보현일체찰
普現一切刹하사대

불체역무이
佛體亦無二로다

비일역비이
非一亦非二며

역부비무량
亦復非無量이나

수기소응화
隨其所應化하사

시현무량신
示現無量身이로다

불신비과거
佛身非過去며

역부비미래
亦復非未來라

일념현출생
一念現出生과

성도급열반
成道及涅槃이로다

이와 같은 걸림 없는 지혜로
등정각을 성취하시어
일체 세계에 널리 나타내시되
부처님 체성은 또한 둘이 없도다.

하나도 아니고 둘도 아니며
또한 다시 한량없는 것도 아니나
그 마땅히 교화할 바를 따라
한량없는 몸을 나타내 보이시도다.

부처님 몸은 과거도 아니며
또한 다시 미래도 아니나
한 생각에 출생과
성도와 열반을 나타내시도다.

여환소작색　　　　　　　무생역무기
如幻所作色이　　　　　　無生亦無起인달하야

불신역여시　　　　　　　시현무유생
佛身亦如是하사　　　　　示現無有生이로다

이시　　보당보살　　승불신력　　보관시방
爾時에　寶幢菩薩이　承佛神力하사　普觀十方하고

이설송언
而說頌言하시니라

불신무유량　　　　　　　능시유량신
佛身無有量하사대　　　　能示有量身하시니

수기소응도　　　　　　　도사여시현
隨其所應覩하사　　　　　導師如是現이로다

요술로 만들어진 형색이
생겨남도 없고 일어남도 없듯이
부처님 몸도 또한 이와 같아서
나타내 보이지만 남이 없으시도다.

그때에 보당 보살이 부처님의 위신력을 받들어 시방을 널리 관찰하고 게송을 설하여 말씀하였다.

부처님 몸은 한량없으나
한량있는 몸을 능히 보이시니
그 응하여 보는 바를 따라서
도사께서 이와 같이 나타내시도다.

불신무처소
佛身無處所하사대

충만일체처
充滿一切處하사

여공무변제
如空無邊際하시니

여시난사의
如是難思議로다

비심소행처
非心所行處라

심불어중기
心不於中起니

제불경계중
諸佛境界中엔

필경무생멸
畢竟無生滅이로다

여예안소도
如翳眼所覩가

비내역비외
非內亦非外인달하야

세간견제불
世間見諸佛도

응지역여시
應知亦如是로다

부처님 몸은 처소가 없으나

일체 처에 충만하시니

허공이 끝이 없듯이

이와 같이 사의하기 어렵도다.

마음이 행할 곳이 아니며

마음이 그 속에서 일어난 것도 아니니

모든 부처님의 경계 중에는

필경에 생멸이 없도다.

마치 가린 눈으로 보는 것이

안도 아니고 바깥도 아니듯이

세간에서 모든 부처님을 보는 것도

또한 이와 같음을 마땅히 알지어다.

요익중생고
饒益衆生故로

여래출세간
如來出世間하시니

중생견유출
衆生見有出이나

이실무흥세
而實無興世로다

불가이국토
不可以國土와

주야이견불
晝夜而見佛이니

세월일찰나
歲月一刹那도

당지실여시
當知悉如是로다

중생여시설
衆生如是說

모일불성도
某日佛成道나

여래득보리
如來得菩提는

실불계어일
實不繫於日이로다

중생을 요익하게 하시려고
여래께서 세간에 출현하시니
중생들은 출현하심이 있음을 보나
실상은 세상에 출현하심이 없도다.

국토에서와 낮밤으로
부처님을 볼 수 없으니
해와 달이나 한 찰나도
다 이와 같음을 마땅히 알지어다.

중생들은 이와 같이
어느 날 부처님께서 성도하셨다고 하나
여래께서 보리를 얻으심은
실로 날짜에 얽매이지 않도다.

여래이분별
如來離分別하사

비세초제수
非世超諸數하시니

삼세제도사
三世諸導師가

출현개여시
出現皆如是로다

비여정일륜
譬如淨日輪이

불여혼야합
不與昏夜合호대

이설모일야
而說某日夜인달하야

제불법여시
諸佛法如是로다

삼세일체겁
三世一切劫이

불여여래합
不與如來合호대

이설삼세불
而說三世佛하나니

도사법여시
導師法如是로다

여래께서 분별을 여의시어
시간도 아니고 수도 초월하셨으니
삼세의 모든 도사들께서
출현하심도 다 이와 같도다.

비유하면 깨끗한 태양이
어두운 밤과 합하지 않으나
어느 날 밤이라 말하듯이
모든 부처님의 법도 이와 같도다.

삼세의 일체 겁이
여래와 합하지 않으나
삼세의 부처님을 말하니
도사의 법이 이와 같도다.

이시　　정진당보살　　승불신력　　보관시
爾時에 精進幢菩薩이 承佛神力하사 普觀十

방　　이설송언
方하고 而說頌言하시니라

일체제도사　　　　신동의역연
一切諸導師가　　　身同義亦然하사

보어시방찰　　　　수응종종현
普於十方刹에　　　隨應種種現이로다

여관모니존　　　　소작심기특
汝觀牟尼尊의　　　所作甚奇特하라

충만어법계　　　　일체실무여
充滿於法界하사　　一切悉無餘로다

33

그때에 정진당 보살이 부처님의 위신력을 받들어 시방을 널리 관찰하고 게송을 설하여 말씀하였다.

일체 모든 도사들께서
몸도 같고 이치도 또한 그러하니
널리 시방세계에 마땅함을 따라
갖가지로 나타내시도다.

그대는 모니 세존을 관하라
하시는 일이 매우 기특하고
법계에 충만하시니
일체에 모두 남음이 없도다.

불신부재내
佛身不在內며

역부부재외
亦復不在外로대

신력고현현
神力故顯現이시니

도사법여시
導師法如是로다

수제중생류
隨諸衆生類의

선세소집업
先世所集業하사

여시종종신
如是種種身으로

시현각부동
示現各不同이로다

제불신여시
諸佛身如是하사

무량불가수
無量不可數니

유제대각존
唯除大覺尊하고

무유능사의
無有能思議로다

부처님 몸은 안에도 있지 않고
또한 다시 밖에도 있지 않으나
위신력으로 나타내시니
도사의 법이 이와 같도다.

모든 중생들 부류의
선세에 쌓은 업을 따라
이와 같이 갖가지 몸으로
나타내 보이심이 각각 같지 않도다.

모든 부처님 몸은 이와 같으셔서
한량없고 셀 수 없으니
오직 대각 세존을 제하고는
생각하여 헤아릴 수 없도다.

여이아난사　심업막능취
如以我難思를　**心業莫能取**인달하야

불난사역이　비심업소현
佛難思亦爾하야　**非心業所現**이로다

여찰불가사　이견정장엄
如刹不可思나　**而見淨莊嚴**인달하야

불난사역이　묘상무불현
佛難思亦爾하야　**妙相無不現**이로다

비여일체법　중연고생기
譬如一切法이　**衆緣故生起**인달하야

견불역부연　필가중선업
見佛亦復然하야　**必假衆善業**이로다

마치 '나'를 생각하기 어려움을

마음의 업으로 취할 수 없듯이

부처님을 생각하기 어려움도 그러하여

마음의 업으로 나타낼 바가 아니로다.

마치 세계가 불가사의하나

청정하게 장엄한 것을 보듯이

부처님을 생각하기 어려움도 그러하여

묘한 모습을 다 나타내시도다.

비유하면 일체 법이

온갖 인연으로 생기듯이

부처님을 친견함도 다시 그러하여

반드시 온갖 선업을 빌어야 하도다.

비여수의주　　　　　능만중생심
譬如隨意珠가　　　　能滿衆生心인달하야

제불법여시　　　　　실만일체원
諸佛法如是하야　　　悉滿一切願이로다

무량국토중　　　　　도사흥어세
無量國土中에　　　　導師興於世하시니

수기원력고　　　　　보응어시방
隨其願力故로　　　　普應於十方이로다

이시　　이구당보살　　승불신력　　보관시
爾時에　離垢幢菩薩이　承佛神力하사　普觀十

방　　이설송언
方하고　而說頌言하시니라

비유하면 뜻을 따르는 구슬이
능히 중생의 마음을 만족케 하듯이
모든 부처님 법도 이와 같아서
일체의 원을 다 만족케 하도다.

한량없는 국토 가운데
도사께서 세상에 출현하시니
그 원력을 따르는 까닭으로
시방에 널리 응하시도다.

　그때에 이구당 보살이 부처님의 위신력을 받들어 시방을 널리 관찰하고 게송을 설하여 말씀하였다.

여래대지광
如來大智光이

보정제세간
普淨諸世間하나니

세간기정이
世間旣淨已에

개시제불법
開示諸佛法이로다

설유인욕견
設有人欲見

중생수등불
衆生數等佛이라도

미불응기심
靡不應其心하사대

이실무래처
而實無來處로다

이불위경계
以佛爲境界하야

전념이불식
專念而不息하면

차인득견불
此人得見佛호대

기수여심등
其數與心等이로다

여래의 큰 지혜 광명이

모든 세간을 널리 청정하게 하니

세간이 이미 청정해짐에

모든 부처님 법을 열어 보이도다.

설령 어떤 사람이 중생 수와 같은

부처님을 보려고 하면

그 마음에 응하지 않음이 없으시나

실제로는 오시는 곳이 없도다.

부처님을 경계로 하여

오로지 생각해 쉬지 않으면

이 사람은 부처님을 친견하되

그 수효가 마음과 같으리라.

성취백정법
成就白淨法하야

구족제공덕
具足諸功德하면

피어일체지
彼於一切智에

전념심불사
專念心不捨로다

도사위중생
導師爲衆生하사

여응연설법
如應演說法하사대

수어가화처
隨於可化處하야

보현최승신
普現最勝身이로다

불신급세간
佛身及世間이

일체개무아
一切皆無我니

오차성정각
悟此成正覺하고

부위중생설
復爲衆生說이로다

희고 깨끗한 법을 성취하여

모든 공덕을 구족하면

그는 일체지에

전념하여 마음이 버리지 않도다.

도사께서 중생들을 위하시어

알맞게 법을 연설하시되

교화할 곳을 따라

가장 수승한 몸을 널리 나타내시도다.

부처님 몸과 세간이

일체가 모두 '나'라고 할 것이 없으니

이것을 깨달아 정각을 이루시고

다시 중생들을 위하여 설하시도다.

일체인사자
一切人師子가

무량자재력
無量自在力으로

시현념등신
示現念等身하시니

기신각부동
其身各不同이로다

세간여시신
世間如是身과

제불신역연
諸佛身亦然에

요지기자성
了知其自性이실새

시즉설명불
是則說名佛이로다

여래보지견
如來普知見으로

명료일체법
明了一切法하사

불법급보리
佛法及菩提를

이구불가득
二俱不可得이로다

일체 사람 가운데 사자이신 분이
한량없는 자재하신 힘으로
생각과 평등한 몸을 시현하시니
그 몸이 각각 같지 않으시도다.

세간의 이와 같은 몸과
모든 부처님 몸도 또한 그러하니
그 자성을 분명히 알면
이것을 곧 부처라고 이름하니라.

여래께서는 널리 알고 보셔서
일체 법을 밝게 아시니
부처님의 법과 보리를
둘 다 얻을 수 없도다.

도사무래거　　　　　　　　역부무소주
導師無來去며　　　　　　　亦復無所住라

원리제전도　　　　　　　　시명등정각
遠離諸顚倒실새　　　　　　是名等正覺이로다

이시　　성수당보살　　　승불신력　　　보관시
爾時에　星宿幢菩薩이　承佛神力하사　普觀十

방　　　이설송언
方하고　而說頌言하시니라

여래무소주　　　　　　　　보주일체찰
如來無所住로대　　　　　　普住一切刹하사

일체토개왕　　　　　　　　일체처함견
一切土皆往하시니　　　　　一切處咸見이로다

도사는 오고 가심이 없고
또한 다시 머무르시는 곳도 없으니
모든 전도를 멀리 여의면
이것이 이름이 등정각이로다.

그때에 성수당 보살이 부처님의 위신력을 받
들어 시방을 널리 관찰하고 게송을 설하여 말
씀하였다.

여래는 머무르시는 곳 없으나
일체 세계에 널리 머무르시며
일체 국토에 다 가시니
일체 곳에서 모두 보도다.

불수중생심
佛隨眾生心하사

보현일체신
普現一切身하사

성도전법륜
成道轉法輪하시며

급이반열반
及以般涅槃이로다

제불부사의
諸佛不思議시니

수능사의불
誰能思議佛이며

수능견정각
誰能見正覺이며

수능현최승
誰能現最勝이리오

일체법개여
一切法皆如일새

제불경역연
諸佛境亦然이니

내지무일법
乃至無一法도

여중유생멸
如中有生滅이로다

부처님께서는 중생의 마음을 따라

일체 몸을 널리 나타내시어

성도하고 법륜을 굴리시며

그리고 열반에 드시도다.

모든 부처님은 부사의하시니

누가 능히 부처님을 생각하며

누가 능히 정각을 보고

누가 능히 가장 수승함을 나타내리오.

일체 법이 모두 진여이니

모든 부처님 경계도 그러하며

내지 한 법도 진여 가운데

생멸이 있는 것 아니로다.

중생망분별
衆生妄分別

시불시세계
是佛是世界어니와

요달법성자
了達法性者는

무불무세계
無佛無世界로다

여래보현전
如來普現前하사

영중생신희
令衆生信喜나

불체불가득
佛體不可得일새

피역무소견
彼亦無所見이로다

약능어세간
若能於世間에

원리일체착
遠離一切著하고

무애심환희
無礙心歡喜하면

어법득개오
於法得開悟로다

중생들이 허망하게
부처이다 세계이다 분별하지만
법의 성품을 요달한 자는
부처도 없고 세계도 없도다.

여래께서 널리 앞에 나타나시어
중생들이 믿고 기쁘게 하시지만
부처님 체성은 얻을 수 없으니
그들도 또한 보는 것이 없도다.

만약 능히 세간에서
일체 집착을 멀리 여의면
걸림이 없고 마음이 환희하여
법에 깨달음을 얻으리라.

신력지소현
神力之所現일새

즉차설명불
卽此說名佛이니

삼세일체시
三世一切時에

구실무소유
求悉無所有로다

약능여시지
若能如是知

심의급제법
心意及諸法하면

일체실지견
一切悉知見하야

질득성여래
疾得成如來로다

언어중현시
言語中顯示

일체불자재
一切佛自在하시니

정각초어언
正覺超語言이어늘

가이어언설
假以語言說이로다

위신력으로 나타낸 것을
곧 이것을 부처라 이름하니
삼세의 일체 때에
구하여도 모두 있지 않도다.

만약 능히 이와 같이
마음과 뜻과 모든 법을 알면
일체를 모두 알고 보아서
빨리 여래를 이루리라.

언어 가운데 일체 부처님의
자재하심을 나타내 보이니
정각은 언어를 초월했으나
언어를 빌어서 설하도다.

이시 　법당보살　승불신력　보관시방
爾時에 法幢菩薩이 承佛神力하사 普觀十方하고

이설송언
而說頌言하시니라

영가항구수　　　　일체세간고
寧可恒具受　　　　一切世閒苦언정

종불원여래　　　　부도자재력
終不遠如來하야　　不覩自在力이로다

약유제중생　　　　미발보리심
若有諸衆生이　　　未發菩提心이라도

일득문불명　　　　결정성보리
一得聞佛名하면　　決定成菩提로다

　그때에 법당 보살이 부처님의 위신력을 받들어 시방을 널리 관찰하고 게송을 설하여 말씀하였다.

　차라리 일체 세간의 고통을
　항상 갖추어 받을지라도
　마침내 여래를 멀리하여
　자재한 힘을 못 보지 않으리라.

　만약 모든 중생들이
　아직 보리심을 내지 못하였어도
　부처님 명호를 한번 들으면
　결정코 보리를 이루리라.

약유지혜인
若有智慧人이

일념발도심
一念發道心하면

필성무상존
必成無上尊이니

신막생의혹
愼莫生疑惑이어다

여래자재력
如來自在力을

무량겁난우
無量劫難遇니

약생일념신
若生一念信이면

속증무상도
速證無上道로다

설어염념중
設於念念中에

공양무량불
供養無量佛이라도

미지진실법
未知眞實法이면

불명위공양
不名爲供養이로다

만약 지혜 있는 사람이
한 생각에 도의 마음을 내면
반드시 위없는 세존을 이루리니
삼가 의혹을 내지 말지어다.

여래의 자재하신 힘을
한량없는 겁에 만나기 어려우나
만약 잠깐만 신심을 내어도
위없는 도를 빨리 이루리라.

설령 생각생각 가운데
한량없는 부처님께 공양올려도
진실한 법을 알지 못하면
공양이라 말할 수 없느니라.

약문여시법
若聞如是法하면

제불종차생
諸佛從此生이니

수경무량고
雖經無量苦라도

불사보리행
不捨菩提行이로다

일문대지혜
一聞大智慧와

제불소입법
諸佛所入法하면

보어법계중
普於法界中에

성삼세도사
成三世導師로다

수진미래제
雖盡未來際토록

변유제불찰
徧遊諸佛刹이라도

불구차묘법
不求此妙法하면

종불성보리
終不成菩提로다

만약 이와 같은 법을 들으면
제불이 이로부터 출생하시니
비록 한량없는 고통을 겪더라도
보리의 행을 버리지 말지니라.

한 번이라도 큰 지혜와
제불의 들어가신 법을 들으면
널리 법계 가운데서
삼세의 도사가 되리라.

비록 미래제가 다하도록
모든 부처님 세계에 두루 다녀도
이 묘한 법을 구하지 아니하면
마침내 보리를 이루지 못하리라.

중생무시래
衆生無始來로

생사구유전
生死久流轉하야

불료진실법
不了眞實法일새

제불고흥세
諸佛故興世로다

제법불가괴
諸法不可壞며

역무능괴자
亦無能壞者니

자재대광명
自在大光明이

보시어세간
普示於世間이로다

중생들이 비롯함이 없는 이래로
생사에 오래 유전하여
진실한 법을 알지 못하니
제불이 짐짓 출현하셨도다.

모든 법은 깨뜨릴 수 없으며
또한 능히 깨뜨릴 자도 없으니
자재하신 큰 광명이
세간에 널리 보이도다.

대방광불화엄경
제23권

25. 십회향품 [1]

대방광불화엄경 권제이십삼
大方廣佛華嚴經 卷第二十三

십회향품 제이십오지일
十迴向品 第二十五之一

이시　금강당보살　승불신력　입보살지
爾時에 **金剛幢菩薩**이 **承佛神力**하사 **入菩薩智**

광삼매
光三昧하시니라

입시삼매이　시방각과십만불찰미진수세
入是三昧已에 **十方各過十萬佛刹微塵數世**

대방광불화엄경 제23권

25. 십회향품 [1]

그때에 금강당 보살이 부처님의 위신력을 받들어 보살지광삼매에 들었다.

이 삼매에 들고 나서, 시방으로 각각 십만 부처님 세계 미진수의 세계 밖을 지나서 십만 부처님 세계 미진수의 모든 부처님이 계셨으니

계외   유십만불찰미진수제불   개동일
界外하야 有十萬佛刹微塵數諸佛이 皆同一

호   호금강당   이현기전   함칭찬언
号호대 号金剛幢이라 而現其前하사 咸稱讚言하시니라

선재선재   선남자   내능입차보살지광삼
善哉善哉라 善男子야 乃能入此菩薩智光三

매
昧로다

선남자   차시시방각십만불찰미진수제불
善男子여 此是十方各十萬佛刹微塵數諸佛

신력   공가어여   역시비로자나여래   왕
神力으로 共加於汝며 亦是毗盧遮那如來의 往

석원력   위신지력   급유여지혜청정고
昔願力과 威神之力이며 及由汝智慧淸淨故며

제보살선근증승고   영여입시삼매   이연
諸菩薩善根增勝故로 令汝入是三昧하야 而演

다 동일한 명호로서 명호가 금강당이시고 그 앞에 나타나 함께 칭찬하여 말씀하셨다.

"훌륭하고 훌륭하도다, 선남자여. 이에 능히 이 보살지광삼매에 들었도다.

선남자여, 이것은 시방으로 각각 십만 부처님 세계 미진수의 모든 부처님께서 위신력으로 그대에게 함께 가피하시는 것이며, 또한 비로자나여래의 지난 옛적 서원의 힘과 위신의 힘이다. 그리고 그대의 지혜가 청정한 까닭이며, 모든 보살들의 선근이 더욱 수승한 까닭으로, 그대로 하여금 이 삼매에 들어서 법을 연설하게 하시는 것이다.

설법
說法이니라

위령제보살　득청정무외고　구무애변재
爲令諸菩薩로 得淸淨無畏故며 具無礙辯才

고　입무애지지고　주일체지대심고　성취
故며 入無礙智地故며 住一切智大心故며 成就

무진선근고
無盡善根故니라

만족무애백법고　입어보문법계고　현일
滿足無礙白法故며 入於普門法界故며 現一

체불신력고　전제념지부단고　득일체불
切佛神力故며 前際念智不斷故며 得一切佛

호지제근고
護持諸根故니라

모든 보살들로 하여금 청정하고 두려움 없음을 얻게 하려는 까닭이며, 걸림 없는 변재를 갖추게 하려는 까닭이며, 걸림 없는 지혜의 땅에 들게 하려는 까닭이며, 일체 지혜의 큰마음에 머무르게 하려는 까닭이며, 다함없는 선근을 성취케 하려는 까닭이다.

걸림 없는 선한 법을 만족케 하려는 까닭이며, 넓은 문인 법계에 들게 하려는 까닭이며, 일체 부처님의 위신력을 나타내게 하려는 까닭이며, 지나간 때를 생각하는 지혜가 끊어지지 않게 하려는 까닭이며, 일체 부처님께서 모든 근을 보호하심을 얻게 하려는 까닭이다.

이무량문 　광설중법고 　문실해료 　수
以無量門으로 廣說衆法故며 聞悉解了하야 受

지불망고 　섭제보살일체선근고
持不忘故며 攝諸菩薩一切善根故니라

성판출세조도고 　부단일체지지고 　개발
成辦出世助道故며 不斷一切智智故며 開發

대원고 　해석실의고 　요지법계고
大願故며 解釋實義故며 了知法界故니라

영제보살 　개실환희고 　수일체불평등선
令諸菩薩로 皆悉歡喜故며 修一切佛平等善

근고 　호지일체여래종성고 　소위연설제
根故며 護持一切如來種性故니 所謂演說諸

보살십회향
菩薩十迴向이니라

한량없는 문으로 온갖 법을 널리 설하게 하려는 까닭이며, 듣고는 다 알아서 받아 지니고 잊지 않게 하려는 까닭이며, 모든 보살들의 일체 선근을 거두어들이게 하려는 까닭이다.

세상을 벗어나는 돕는 도를 이루게 하려는 까닭이며, 일체지의 지혜를 끊지 않게 하려는 까닭이며, 큰 서원을 개발케 하려는 까닭이며, 진실한 이치를 해석케 하려는 까닭이며, 법계를 깨달아 알게 하려는 까닭이다.

모든 보살들로 하여금 모두 다 환희케 하려는 까닭이며, 일체 부처님의 평등한 선근을 닦게 하려는 까닭이며, 일체 여래의 종성을 보

불자 여당승불위신지력 이연차법
佛子야 **汝當承佛威神之力**하야 **而演此法**이니라

득불호념고 안주불가고 증익출세공덕
得佛護念故며 **安住佛家故**며 **增益出世功德**

고 득다라니광명고
故며 **得陀羅尼光明故**니라

입무장애불법고 대광보조법계고 집무
入無障礙佛法故며 **大光普照法界故**며 **集無**

과실정법고 주광대지경계고 득무장애
過失淨法故며 **住廣大智境界故**며 **得無障礙**

법광고
法光故니라

이시 제불 즉여금강당보살무량지혜
爾時에 **諸佛**이 **卽與金剛幢菩薩無量智慧**하시며

호하여 지니게 하려는 까닭이다. 이른바 모든 보살들의 열 가지 회향을 연설하게 하려는 것이다.

불자여, 그대는 마땅히 부처님의 위신력을 받들어 이 법을 연설할지니라.

부처님의 호념하심을 얻은 까닭이며, 부처님의 집에 편안히 머무른 까닭이며, 세간을 벗어난 공덕을 더하는 까닭이며, 다라니의 광명을 얻은 까닭이다.

장애 없는 불법에 들어간 까닭이며, 큰 광명으로 법계를 널리 비추는 까닭이며, 허물없는

여무유애변　　　여분별구의선방편　　　여
與無留礙辯하시며　與分別句義善方便하시며　與

무애법광명　　　여여래평등신　　　여무량
無礙法光明하시며　與如來平等身하시며　與無量

차별정음성
差別淨音聲하시니라

여보살부사의선관찰삼매　　　여불가저괴
與菩薩不思議善觀察三昧하시며　與不可沮壞

일체선근회향지　　　여관찰일체법성취교
一切善根迴向智하시며　與觀察一切法成就巧

방편　　　여일체처설일체법무단변　　　하
方便하시며　與一切處說一切法無斷辯하시니　何

이고　입차삼매선근력고
以故오　入此三昧善根力故니라

깨끗한 법을 모은 까닭이며, 광대한 지혜의 경계에 머무른 까닭이며, 장애 없는 법의 광명을 얻은 까닭이다."

이때에 모든 부처님께서 곧 금강당 보살에게 한량없는 지혜를 주시며, 걸림이 없는 변재를 주시며, 문구와 뜻을 분별하는 좋은 방편을 주시며, 걸림이 없는 법의 광명을 주시며, 여래의 평등한 몸을 주시며, 한량없이 차별하고 깨끗한 음성을 주셨다.

보살의 부사의하게 잘 관찰하는 삼매를 주시며, 파괴할 수 없는 일체 선근으로 회향하는

이시   제불   각이우수   마금강당보살
爾時에 諸佛이 各以右手로 摩金剛幢菩薩

정
頂하시니라

금강당보살   득마정이   즉종정기   고
金剛幢菩薩이 得摩頂已하고 卽從定起하사 告

제보살언
諸菩薩言하시니라

지혜를 주시며, 일체 법을 관찰하여 성취하는 교묘한 방편을 주시며, 일체 곳에서 일체 법을 설하는 끊임없는 변재를 주셨다. 무슨 까닭인가? 이 삼매에 들어간 선근의 힘인 까닭이다.

그때에 모든 부처님께서 각각 오른손으로 금강당 보살의 정수리를 만지시었다.

금강당 보살은 정수리 만지심을 받고는 곧 선정으로부터 일어나서 모든 보살들에게 말씀하였다.

불자   보살마하살   유불가사의대원   충
佛子야 菩薩摩訶薩이 有不可思議大願하야 充

만법계   보능구호일체중생   소위수학
滿法界하야 普能救護一切衆生하나니 所謂修學

거래현재일체불회향
去來現在一切佛迴向이니라

불자   보살마하살   회향   유기종
佛子야 菩薩摩訶薩의 迴向이 有幾種고

불자   보살마하살   회향   유십종   삼세
佛子야 菩薩摩訶薩의 迴向이 有十種하야 三世

제불   함공연설
諸佛이 咸共演說이시니라

"불자들이여, 보살마하살이 불가사의한 큰 서원이 있어서 법계에 충만하여 널리 일체 중생을 능히 구호하니, 이른바 과거와 미래와 현재의 일체 부처님의 회향을 닦아 배우는 것이다.

불자들이여, 보살마하살의 회향이 몇 가지가 있는가?

불자들이여, 보살마하살의 회향이 열 가지가 있으니, 삼세의 모든 부처님께서 다 함께 연설하신다.

하등   위십
何等이 爲十고

일자   구호일체중생   이중생상회향
一者는 救護一切衆生호대 離衆生相迴向이요

이자   불괴회향
二者는 不壞迴向이요

삼자   등일체제불회향
三者는 等一切諸佛迴向이요

사자   지일체처회향
四者는 至一切處迴向이요

오자   무진공덕장회향
五者는 無盡功德藏迴向이요

육자   입일체평등선근회향
六者는 入一切平等善根迴向이요

칠자   등수순일체중생회향
七者는 等隨順一切衆生迴向이요

어떤 것이 열인가?

하나는 일체 중생을 구호하되 중생이라는 상을 떠난 회향이다.

둘은 깨뜨릴 수 없는 회향이다.

셋은 일체 모든 부처님과 평등한 회향이다.

넷은 일체 처에 이르는 회향이다.

다섯은 다함이 없는 공덕장 회향이다.

여섯은 일체 평등한 선근에 들어가는 회향이다.

일곱은 일체 중생을 평등하게 수순하는 회향이다.

여덟은 진여의 모양인 회향이다.

팔자　진여상회향
八者는 眞如相迴向이요

구자　무박무착해탈회향
九者는 無縛無著解脫迴向이요

십자　입법계무량회향
十者는 入法界無量迴向이라

불자　시위보살마하살　십종회향　과거
佛子야 是爲菩薩摩訶薩의 十種迴向이니 過去

미래현재제불　이설당설금설
未來現在諸佛이 已說當說今說이시니라

아홉은 속박도 없고 집착도 없는 해탈의 회향이다.

열은 법계에 들어가는 한량없는 회향이다.

불자들이여, 이것을 보살마하살의 열 가지 회향이라 한다. 과거와 미래와 현재의 모든 부처님께서 이미 말씀하셨고, 장차 말씀하실 것이고, 지금도 말씀하신다.

불자 운하위보살마하살 구호일체중생
佛子야 云何爲菩薩摩訶薩의 救護一切衆生호대

이중생상회향
離衆生相迴向고

불자 차보살마하살 행단바라밀 정시
佛子야 此菩薩摩訶薩이 行檀波羅蜜하며 淨尸

바라밀 수찬제바라밀 기정진바라
波羅蜜하며 修羼提波羅蜜하며 起精進波羅

밀 입선바라밀 주반야바라밀 대자
蜜하며 入禪波羅蜜하며 住般若波羅蜜하야 大慈

대비대희대사 수여시등무량선근
大悲大喜大捨로 修如是等無量善根하나니라

불자들이여, 무엇을 보살마하살의 일체 중생을 구호하되 중생이라는 상을 떠난 회향이라 하는가?

불자들이여, 이 보살마하살이 보시바라밀을 행하고, 지계바라밀을 청정히 하고, 인욕바라밀을 닦고, 정진바라밀을 일으키고, 선정바라밀에 들어가고, 지혜바라밀에 머물러서 대자와 대비와 대희와 대사로 이와 같은 한량없는 선근을 닦는다.

선근을 닦을 때에 이렇게 생각하여 말한다.

수선근시　작시념언
修善根時에 **作是念言**하니라

원차선근　　보능요익일체중생　　개사청
願此善根으로 **普能饒益一切衆生**하야 **皆使清**

정　　지어구경　　영리지옥아귀축생염라
淨하야 **至於究竟**하야 **永離地獄餓鬼畜生閻羅**

왕등　무량고뇌
王等의 **無量苦惱**라하니라

보살마하살　종선근시　이기선근　　여시
菩薩摩訶薩이 **種善根時**에 **以己善根**으로 **如是**

회향
迴向하니라

'원하오니 이 선근으로 널리 일체 중생을 능히 요익케 하여 모두 청정하게 하며, 구경에 이르러 지옥과 아귀와 축생과 염라왕 등의 한량없는 고뇌를 길이 떠나게 하여지이다.'라고 한다.

보살마하살이 선근을 심을 때에 자기의 선근으로 이와 같이 회향한다.

'내가 마땅히 일체 중생을 위하여 집이 되리니 일체 모든 괴로운 일을 면하게 하려는 까닭이며, 일체 중생을 위하여 구호가 되리니 다

아당위일체중생작사　　영면일체제고사고
我當爲一切衆生作舍니 令免一切諸苦事故며

위일체중생작호　　실령해탈제번뇌고
爲一切衆生作護니 悉令解脫諸煩惱故니라

위일체중생작귀　　개령득이제포외고
爲一切衆生作歸니 皆令得離諸怖畏故며

위일체중생작취　　영득지어일체지고
爲一切衆生作趣니 令得至於一切智故니라

위일체중생작안　　영득구경안은처고
爲一切衆生作安이니 令得究竟安隱處故며

위일체중생작명　　영득지광멸치암고
爲一切衆生作明이니 令得智光滅癡暗故니라

위일체중생작거　　파피일체무명암고
爲一切衆生作炬니 破彼一切無明闇故며

위일체중생작등　　영주구경청정처고
爲一切衆生作燈이니 令住究竟淸淨處故니라

모든 번뇌에서 해탈케 하려는 까닭이다.

일체 중생을 위하여 귀의처가 되리니 모든 공포를 여의게 하려는 까닭이며, 일체 중생을 위하여 나아갈 곳이 되리니 일체 지혜에 이르게 하려는 까닭이다.

일체 중생을 위하여 안식처가 되리니 구경에 안온한 곳을 얻게 하려는 까닭이며, 일체 중생을 위하여 광명이 되리니 지혜의 빛을 얻어 어리석음의 어두움을 멸하게 하려는 까닭이다.

일체 중생을 위하여 횃불이 되리니 저 일체 무명의 어두움을 깨뜨리려는 까닭이며, 일체 중생을 위하여 등불이 되리니 구경에 청정한

위일체중생작도사　　인기영입진실법고
爲一切衆生作導師니 **引其令入眞實法故**며

위일체중생작대도사　　여기무애대지혜
爲一切衆生作大導師니 **與其無礙大智慧**

고
故라하나니라

불자　　보살마하살　　이제선근　　여시회
佛子야 **菩薩摩訶薩**이 **以諸善根**으로 **如是迴**

향　　평등요익일체중생　　구경개령득일
向하야 **平等饒益一切衆生**하야 **究竟皆令得一**

체지
切智니라

곳에 머무르게 하려는 까닭이다.

일체 중생을 위하여 도사가 되리니 그들을 이끌어 진실한 법에 들게 하려는 까닭이며, 일체 중생을 위하여 대도사가 되리니 그들에게 걸림 없는 큰 지혜를 주려는 까닭이다.'

불자들이여, 보살마하살이 모든 선근으로 이와 같이 회향하여 일체 중생을 평등하게 요익하여, 구경에 다 일체지를 얻게 한다.

불자   보살마하살   어비친우   수호회향
佛子야 菩薩摩訶薩이 於非親友에 守護迴向호대

여기친우   등무차별
與其親友로 等無差別이니라

하이고   보살마하살   입일체법평등성고
何以故오 菩薩摩訶薩이 入一切法平等性故로

불어중생   이기일념비친우상
不於衆生에 而起一念非親友想하나니라

설유중생   어보살소   기원해심   보살
設有衆生이 於菩薩所에 起怨害心이라도 菩薩이

역이자안시지   종무에노   보위중생
亦以慈眼視之하야 終無恚怒하고 普爲衆生하야

작선지식   연설정법   영기수습
作善知識하야 演說正法하야 令其修習하나니라

불자들이여, 보살마하살은 친한 벗이 아닌
이를 수호하고 회향하되 그 친한 벗과 더불어
평등하여 차별이 없게 한다.

무슨 까닭인가? 보살마하살이 일체 법이 평등
한 성품에 들어간 까닭으로, 중생들에게 잠깐
도 친한 벗이 아니라는 생각을 내지 아니한다.

설령 어떤 중생이 보살의 처소에서 원망하여
해치려는 마음을 일으키더라도 보살은 또한
자비의 눈으로 보고 마침내 성내지 아니하며,
널리 중생들을 위하여 선지식이 되어 바른 법
을 연설하여 그들로 하여금 닦아 익히게 한다.

비여대해　　일체중독　　불능변괴　　　　보
譬如大海를 一切衆毒이 不能變壞인달하야 菩

살　　역이　　일체우몽　　무유지혜　　부지은
薩도 亦爾하야 一切愚蒙이 無有智慧하야 不知恩

덕　　　진흔완독　　　교만자대　　　기심맹고
德하며 瞋很頑毒하야 憍慢自大하며 其心盲瞽하야

불식선법　　　여시등류　　제악중생　　종종핍
不識善法하는 如是等類의 諸惡衆生이 種種逼

뇌　　무능동란
惱라도 無能動亂이니라

비여일천자　　출현세간　　불이생맹불견고
譬如日天子가 出現世間에 不以生盲不見故로

은이불현　　　우부불이건달바성　　아수라
隱而不現하며 又復不以乾闥婆城과 阿脩羅

비유하면 큰 바다는 일체 온갖 독으로 변하 거나 파괴할 수 없는 것과 같이, 보살도 또한 그러하여 일체 어리석고 지혜가 없어서 은덕 을 모르며, 성내고 사납고 완고하고 독하며, 교만하여 잘난 체하며, 그 마음이 캄캄하여 선한 법을 알지 못하는, 그와 같은 부류의 모 든 악한 중생들이 갖가지로 핍박하고 괴롭히 더라도 능히 흔들리게 할 수 없다.

비유하면 일천자가 세간에 출현함에 날 때부 터 눈먼 이가 보지 못하는 까닭으로 숨어 나 타나지 않음이 없으며, 또한 다시 건달바성과

수　　염부제수　　숭암수곡　　진무연운　　여시
手와 閻浮提樹와 崇巖邃谷과 塵霧煙雲인 如是

등물지소부장고　　은이불현　　　역부불이시
等物之所覆障故로 隱而不現하며 亦復不以時

절변개고　　은이불현
節變改故로 隱而不現인달하니라

보살마하살　　역부여시　　　유대복덕　　　기
菩薩摩訶薩도 亦復如是하야 有大福德하며 其

심심광　　　정념관찰　　　무유퇴굴　　　위욕구
心深廣하며 正念觀察하며 無有退屈하며 爲欲究

경공덕지혜
竟功德智慧하니라

어상승법　　심생지욕　　　법광보조　　　견일
於上勝法에 心生志欲하며 法光普照하야 見一

아수라의 손과 염부제의 나무와 높은 바위와 깊은 골짜기와, 티끌과 안개와 연기와 구름 등 이러한 물건으로 덮어 가리는 까닭으로 숨어 나타나지 않음이 없으며, 또한 다시 시절이 변하는 까닭으로 숨어 나타나지 않음이 없는 것과 같다.

보살마하살도 또한 다시 이와 같아서 큰 복덕이 있으며, 그 마음이 깊고 넓으며, 바른 생각으로 관찰하여 물러남이 없으며, 공덕과 지혜에 끝까지 이르고자 한다.

높고 수승한 법에 뜻을 두어 마음을 내며,

체의   어제법문   지혜자재
切義하며 於諸法門에 智慧自在하니라

상위이익일체중생   이수선법   증불오
常爲利益一切衆生하야 而修善法하며 曾不誤

기사중생심
起捨衆生心하니라

불이중생   기성폐악   사견진탁   난가
不以衆生이 其性弊惡하야 邪見瞋濁하야 難可

조복   변즉기사   불수회향
調伏으로 便卽棄捨하야 不修迴向하니라

단이보살대원갑주   이자장엄   구호중
但以菩薩大願甲冑로 而自莊嚴하야 救護衆

생   항무퇴전
生하야 恒無退轉하니라

법의 광명이 널리 비치어 일체 이치를 보며, 모든 법문에 지혜가 자재하다.

항상 일체 중생을 이익케 하기 위하여 선법을 닦으며, 일찍이 잘못하여 중생들을 버리려는 마음을 내지 아니한다.

중생들이 그 성품이 나쁘고 삿된 소견으로 성내고 탁하여 조복하기 어렵다 하여, 문득 버리고 회향을 닦지 않는 것이 아니다.

다만 보살은 큰 원력의 갑옷과 투구로 스스로 장엄하여 중생들을 구호하고 항상 퇴전하지 아니한다.

불이중생   부지보은   퇴보살행   사보
不以衆生이 不知報恩으로 退菩薩行하야 捨菩

리도
提道하나라

불이범우   공동일처   사리일체여실선근
不以凡愚가 共同一處로 捨離一切如實善根하며

불이중생   삭기과악   난가인수   이어피
不以衆生이 數起過惡하야 難可忍受로 而於彼

소   생피염심
所에 生疲厭心하나니라

하이고
何以故오

비여일천자   부단위일사고   출현세간
譬如日天子가 不但爲一事故로 出現世間인달하야

중생들이 은혜 갚을 줄 알지 못한다 하여 보살의 행에서 물러나 보리의 도를 버리지 아니한다.

어리석은 범부들과 함께 한 곳에 있다 하여 일체 여실한 선근을 버리지 아니하며, 중생들이 자주 나쁜 일을 일으켜도 참기 어렵다 하여 그들에게 피로해하거나 싫어하는 마음을 내지 아니한다.

무슨 까닭인가?

비유하면 일천자가 단지 한 가지 일만을 위하는 까닭으로 세간에 출현하는 것이 아니듯이, 보살마하살도 또한 다시 이와 같아서 단지

보살마하살 역부여시 부단위일중생
菩薩摩訶薩도 亦復如是하야 不但爲一衆生

고 수제선근 회향아뇩다라삼먁삼보
故로 修諸善根하야 迴向阿耨多羅三藐三菩

리 보위구호일체중생고 이수선근 회
提라 普爲救護一切衆生故로 而修善根하야 迴

향아뇩다라삼먁삼보리
向阿耨多羅三藐三菩提하니라

여시부단위정일불찰고 부단위신일불고
如是不但爲淨一佛刹故며 不但爲信一佛故며

부단위견일불고 부단위요일법고 기대
不但爲見一佛故며 不但爲了一法故로 起大

지원 회향아뇩다라삼먁삼보리
智願하야 迴向阿耨多羅三藐三菩提라

위보정일체불찰고 보신일체제불고 보
爲普淨一切佛刹故며 普信一切諸佛故며 普

한 중생만을 위하는 까닭으로 모든 선근을 닦아 아뇩다라삼먁삼보리에 회향하는 것이 아니고, 일체 중생을 널리 구호하기 위하여 선근을 닦아 아뇩다라삼먁삼보리에 회향하는 것이다.

이와 같이 단지 한 부처님 세계만을 깨끗이 하기 위함이 아닌 까닭이며, 단지 한 부처님만을 믿기 위함이 아닌 까닭이며, 단지 한 부처님만을 친견하기 위함이 아닌 까닭이며, 단지 한 법만을 알기 위함이 아닌 까닭으로, 큰 지혜와 서원을 일으켜 아뇩다라삼먁삼보리에 회향하는 것이다.

일체 부처님의 세계를 널리 청정하게 하는

승사공양일체제불고　보해일체불법고
承事供養一切諸佛故며 普解一切佛法故로

발기대원　　수제선근　　회향아뇩다라삼
發起大願하야 修諸善根하야 迴向阿耨多羅三

먁삼보리
藐三菩提니라

불자　보살마하살　이제불법　　이위소
佛子야 菩薩摩訶薩이 以諸佛法으로 而爲所

연　기광대심　불퇴전심　　무량겁중　수
緣하야 起廣大心과 不退轉心하야 無量劫中에 修

집희유난득심보　여일체제불　실개평등
集希有難得心寶하야 與一切諸佛로 悉皆平等이니라

까닭이며, 일체 모든 부처님을 널리 믿는 까닭이며, 일체 모든 부처님을 받들어 섬기고 공양 올리는 까닭이며, 일체 부처님 법을 널리 알기 위한 까닭으로 큰 서원을 일으켜 모든 선근을 닦아서 아뇩다라삼먁삼보리에 회향하는 것이다.

불자들이여, 보살마하살이 모든 부처님의 법으로써 반연할 바를 삼아, 광대한 마음과 퇴전하지 않는 마음을 일으켜, 한량없는 겁 동안에 희유하고 얻기 어려운 마음의 보배를 닦아 모아서 일체 모든 부처님과 더불어 모두 다 평등하다.

보살　　여시관제선근　　신심청정　　대비
菩薩이 如是觀諸善根하야 信心淸淨하며 大悲

견고　　이심심심　　환희심　　청정심　　최승
堅固하야 以甚深心과 歡喜心과 淸淨心과 最勝

심　유연심　자비심　연민심　섭호심　이
心과 柔輭心과 慈悲心과 憐愍心과 攝護心과 利

익심　　안락심　　보위중생　　진실회향
益心과 安樂心으로 普爲衆生하야 眞實廻向하고

비단구언
非但口言이니라

불자　　보살마하살　　이제선근　　회향지
佛子야 菩薩摩訶薩이 以諸善根으로 廻向之

시　작시념언　　이아선근　　원일체취생
時에 作是念言호대 以我善根으로 願一切趣生과

보살이 이와 같이 모든 선근을 관하여 신심이 청정하며 대비심이 견고하여, 매우 깊은 마음과 환희한 마음과 청정한 마음과 가장 수승한 마음과 부드러운 마음과 자비한 마음과 가엾이 여기는 마음과 거두어 보호하는 마음과 이익의 마음과 안락한 마음으로써 널리 중생들을 위하여 진실하게 회향하는 것이고, 단지 입으로 말만 하는 것이 아니다.

불자들이여, 보살마하살이 모든 선근으로 회향할 때에 이렇게 생각하여 말하기를 '나의 선

일체중생 개득청정 공덕원만 불가저
一切衆生이 皆得淸淨하야 功德圓滿하며 不可沮

괴 무유궁진 상득존중 정념불망
壞하며 無有窮盡하며 常得尊重하며 正念不忘하며

획결정혜 구무량지 신구의업 일체공
獲決定慧하며 具無量智하야 身口意業의 一切功

덕 원만장엄
德으로 圓滿莊嚴이니라

우작시념 이차선근 영일체중생 승
又作是念호대 以此善根으로 令一切衆生으로 承

사공양일체제불 무공과자
事供養一切諸佛하야 無空過者하니라

어제불소 정신불괴 청문정법 단제
於諸佛所에 淨信不壞하야 聽聞正法하며 斷諸

의혹 억지불망 여설수행 어여래
疑惑하야 憶持不忘하며 如說修行하야 於如來

근으로써 원컨대 일체 갈래에 난 일체 중생이 다 청정해져서 공덕이 원만하며, 파괴할 수 없으며, 다함이 없으며, 항상 존중함을 얻으며, 바르게 생각하고 잊지 아니하며, 결정한 지혜를 얻고 한량없는 지혜를 갖추어, 몸과 입과 뜻으로 짓는 업의 일체 공덕을 원만하게 장엄하여지이다.'라고 한다.

또 이렇게 생각한다. '이 선근으로써 일체 중생이 일체 모든 부처님을 받들어 섬기고 공양 올려서 헛되이 지내는 자가 없게 한다.

모든 부처님 처소에서 청정한 신심이 무너지지 않으며, 바른 법을 듣고 모든 의혹을 끊으

소　　기공경심　　　신업청정　　　　안주무량광
所에 起恭敬心하며 身業清淨하야 安住無量廣

대선근
大善根하니라

영리빈궁　　　칠재만족　　　어제불소　　　상수
永離貧窮하야 七財滿足하며 於諸佛所에 常隨

수학　　　성취무량승묘선근　　　평등오해
修學하야 成就無量勝妙善根하며 平等悟解하야

주일체지
住一切智하니라

이무애안　　　등시중생　　　중상엄신　　　무유
以無礙眼으로 等視衆生하며 衆相嚴身하야 無有

점결　　　언음정묘　　　공덕원만　　　제근조
玷缺하며 言音淨妙하야 功德圓滿하며 諸根調

복　　십력성취
伏하야 十力成就하니라

며, 기억해 지녀 잊지 아니하고 설하신 대로 수행하며, 여래의 처소에 공경하는 마음을 일으키며, 몸으로 짓는 업이 청정하여 한량없이 광대한 선근에 편안히 머무른다.

빈궁함을 영원히 여의어 일곱 재물이 만족하며, 모든 부처님 처소에서 항상 따라 수학하여 한량없이 수승하고 미묘한 선근을 성취하며, 평등하게 깨달아 일체지에 머무른다.

걸림 없는 눈으로 중생을 평등하게 보며, 온갖 상호로 몸을 장엄하여 결점이 없으며, 음성이 깨끗하고 미묘하여 공덕이 원만하며, 모든 근이 조복되어 십력을 성취한다.

선심만족　　무소의주　　영일체중생　　보
善心滿足하야 無所依住하고 令一切衆生으로 普

득불락　　득무량주　　주불소주
得佛樂하며 得無量住하야 住佛所住케하나니라

불자　　보살마하살　　견제중생　　조작악업
佛子야 菩薩摩訶薩이 見諸衆生이 造作惡業하야

수제중고　　이시장고　　불견불　　불문법
受諸重苦일새 以是障故로 不見佛하며 不聞法하며

불식승　　변작시념　　아당어피제악도중
不識僧하고 便作是念호대 我當於彼諸惡道中에

대제중생　　수종종고　　영기해탈
代諸衆生하야 受種種苦하야 令其解脫호리라하나니라

선한 마음이 만족하여 의지한 바 없이 머무르며, 일체 중생이 부처님의 즐거움을 널리 얻고, 한량없이 머무름을 얻어 부처님께서 머무르시는 곳에 머무르게 한다.'

불자들이여, 보살마하살이 모든 중생들이 악업을 지어 모든 극중한 고통을 받으며, 이 장애로 부처님을 보지 못하고 법을 듣지 못하고 스님들을 알지 못함을 보고는, 문득 이렇게 생각하기를 '내가 마땅히 저 모든 악도에서 모든 중생들을 대신하여 갖가지 고통을 받고

보살   여시수고독시   전갱정근   불사
菩薩이 如是受苦毒時에 轉更精勤하야 不捨

불피   불경불포   불퇴불겁   무유피
不避하며 不驚不怖하며 不退不怯하며 無有疲

염
厭하나니라

하이고   여기소원   결욕하부일체중생
何以故오 如其所願하야 決欲荷負一切衆生하야

영해탈고
令解脫故니라

보살   이시   작시념언   일체중생   재생로
菩薩이 爾時에 作是念言호대 一切衆生이 在生老

병사제고난처   수업유전   사견무지
病死諸苦難處하야 隨業流轉하고 邪見無智하야

상제선법   아응구지   영득출리
喪諸善法하나니 我應救之하야 令得出離라하나니라

그들로 하여금 해탈케 하리라.'고 한다.

보살이 이와 같이 지독한 고통을 받을 때에 더욱더 정진하여 버리지도 않고 피하지도 않으며, 놀라지도 않고 두려워하지도 않으며, 물러나지도 않고 겁내지도 않으며, 피로해하거나 싫어하지도 않는다.

무슨 까닭인가? 그가 서원한 바와 같이 결정코 일체 중생을 책임지고 해탈케 하려는 까닭이다.

보살이 그때에 이렇게 생각하여 말하기를 '일체 중생이 나고 늙고 병들고 죽는 모든 고난처에 있어서, 업을 따라 유전하고 삿된 소견으로 지혜가 없어서 모든 선한 법을 잃어 버렸으니, 내가 마땅

우제중생　　애망소전　　치개소부　　염착제
又諸衆生이　愛網所纏과　癡蓋所覆로　染著諸

유　　　수축불사　　　입고롱함　　　작마업행
有하야　隨逐不捨하며　入苦籠檻하야　作魔業行하며

복지도진　　상회의혹　　　불견안은처　　　부
福智都盡하야　常懷疑惑하며　不見安隱處하고　不

지출리도　　재어생사　　　윤전불식　　　제
知出離道하며　在於生死하야　輪轉不息하며　諸

고어니　　항소몰익
苦淤泥에　恒所沒溺하니라

보살　　견이　　기대비심　　대요익심　　욕령
菩薩이　見已에　起大悲心과　大饒益心하야　欲令

중생　　　실득해탈　　　이일체선근회향　　　이
衆生으로　悉得解脫하야　以一切善根迴向하며　以

광대심회향　　　여삼세보살소수회향　　　여
廣大心迴向하며　如三世菩薩所修迴向하며　如

히 그들을 구호하여 벗어나게 하리라.'고 한다.

또 모든 중생들이 애욕의 그물에 얽힌 바와 어리석음의 덮개에 덮인 바로 모든 유에 물들어 따라다니고 버리지 못하며, 고통의 감옥에 들어가서 마군 업의 행을 지어 복과 지혜는 모두 없어지고, 항상 의혹을 품어 안온한 곳을 보지 못하고, 벗어나는 길을 알지 못하며, 생사에 있어서 바퀴 돌 듯 쉬지 못하고, 모든 고통의 진흙수렁에 항상 빠져 있다.

보살이 보고는 크게 자비한 마음과 크게 요익케 하려는 마음을 일으켜서, 중생들로 하여금 모두 해탈을 얻게 하고자 일체 선근으로

대회향경소설회향　　　　원제중생　　보득청
大迴向經所說迴向하야 願諸衆生이 普得淸

정　　구경성취일체종지
淨하고 究竟成就一切種智니라

부작시념　　　아소수행　　욕령중생　　개실
復作是念호대 我所修行이 欲令衆生으로 皆悉

득성무상지왕
得成無上智王이라

불위자신　　이구해탈　　단위구제일체중
不爲自身하야 而求解脫이요 但爲救濟一切衆

생　　영기함득일체지심　　도생사류　　해
生하야 令其咸得一切智心하야 度生死流하야 解

탈중고
脫衆苦라하니라

회향하며, 광대한 마음으로 회향하며, 삼세 보살들이 닦은 바와 같이 회향하며, '대회향의 경'에 설해진 바와 같이 회향하여, 모든 중생들이 청정함을 널리 얻으며, 구경에는 일체종지를 성취하기를 서원한다.

다시 이렇게 생각하기를 '내가 닦은 행이 중생들로 하여금 모두 다 위없는 지혜의 왕을 이루게 하려는 것이다.

자신을 위하여 해탈을 구함이 아니며, 단지 일체 중생을 구제하여 그들로 하여금 다 일체 지혜의 마음을 얻고 생사의 흐름을 건너 온갖

부작시념　　아당보위일체중생　　비수중
復作是念호대 我當普爲一切衆生하야 備受衆

고　　　영기득출무량생사중고대학　　아당
苦하야 令其得出無量生死衆苦大壑하고 我當

보위일체중생　　어일체세계　　일체악취
普爲一切衆生하야 於一切世界와 一切惡趣

중　　진미래겁　　수일체고　　연상위중생
中에 盡未來劫토록 受一切苦호대 然常爲衆生하야

근수선근
勤修善根이니라

하이고　　아영독수여시중고　　불령중생
何以故오 我寧獨受如是衆苦언정 不令衆生으로

타어지옥　　아당어피지옥축생염라왕등험
墮於地獄하고 我當於彼地獄畜生閻羅王等險

난지처　　이신위질　　구속일체악도중생
難之處에 以身爲質하야 救贖一切惡道衆生하야

괴로움을 해탈케 하기 위한 것이다.'라고 한다.

다시 이렇게 생각하기를 '내가 마땅히 널리 일체 중생을 위하여 온갖 고통을 갖추어 받으면서, 그들로 하여금 한량없이 나고 죽는 온갖 고통의 큰 구렁텅이에서 벗어나게 한다. 내가 마땅히 널리 일체 중생을 위하여 일체 세계의 일체 나쁜 갈래에서 미래 겁이 다하도록 일체 괴로움을 받으면서도, 그러나 항상 중생들을 위하여 부지런히 선근을 닦을 것이다.

무슨 까닭인가? 내가 차라리 홀로 이와 같은 온갖 고통을 받을지언정 중생들로 하여금 지옥에 떨어지게 하지 않고, 내가 마땅히 저 지

영득해탈
令得解脫이라하니라

부작시념   아원보호일체중생   종불기
復作是念호대 我願保護一切衆生하야 終不棄

사   소언성실   무유허망
捨라하고 所言誠實하야 無有虛妄이니라

하이고   아위구도일체중생   발보리심
何以故오 我爲救度一切衆生하야 發菩提心이요

불위자신   구무상도   역불위구오욕경계
不爲自身하야 求無上道며 亦不爲求五欲境界와

급삼유중종종락고   수보리행
及三有中種種樂故로 修菩提行이니라

하이고   세간지락   무비시고   중마경계
何以故오 世間之樂이 無非是苦며 衆魔境界라

옥과 축생과 염라왕 등의 험난한 곳에서 몸이 볼모가 되어 일체 악도의 중생들을 대신하여 속죄하고 해탈을 얻게 하리라.'고 한다.

다시 이렇게 생각하기를 '내가 원컨대 일체 중생을 보호하여 마침내 버리지 아니하려 하니 말한 것이 성실하여 허망하지 않기 바란다.

무슨 까닭인가? 나는 일체 중생을 구호하여 제도하기 위하여 보리심을 낸 것이고, 자신을 위하여 위없는 도를 구함이 아니며, 또한 오욕의 경계와 삼유 가운데 갖가지 즐거움을 구하기 위하여 보리행을 닦는 것이 아니다.

우인소탐 　　제불소가
愚人所貪이요 諸佛所訶시니라

일체고환 　인지이기 　지옥아귀 　급이축생
一切苦患이 因之而起며 地獄餓鬼와 及以畜生

염라왕처 　　분에투송 　　갱상훼욕 　　여시
閻羅王處에 忿恚鬪訟하고 更相毀辱하는 如是

제악 　개인탐착오욕소치
諸惡이 皆因貪著五欲所致라

탐착오욕 　원리제불 　　장애생천 　　하황
耽著五欲에 遠離諸佛하야 障礙生天이어든 何況

득어아뇩다라삼먁삼보리
得於阿耨多羅三藐三菩提아

보살 　여시관제세간 　탐소욕미 　　수무량
菩薩이 如是觀諸世間에 貪少欲味하야 受無量

고 　　종불위피오욕락고 　구무상보리
苦하고 終不爲彼五欲樂故로 求無上菩提하야

무슨 까닭인가? 세간의 낙은 고통 아님이 없으며, 온갖 마군의 경계인지라 어리석은 사람이 탐하는 것이고, 모든 부처님께서 꾸짖으시는 바이다.

일체 괴로움과 근심이 이것으로 인하여 일어나며, 지옥과 아귀와 축생과 염라왕의 처소에서 성내고 싸우고 서로 헐뜯고 능욕하는 이와 같은 모든 악은 다 오욕에 탐착함으로 인해 생기는 것이다.

오욕에 탐착하면 모든 부처님을 멀리 여의게 되고 천상에 나는 것을 장애하는데, 어찌 하물며 아뇩다라삼먁삼보리를 얻을 수 있겠는가?'라고 한다.

수보살행   단위안락일체중생   발심수
修菩薩行이요 但爲安樂一切衆生하야 發心修

습   성만대원   단절중생   제고견삭
習하야 成滿大願하야 斷截衆生의 諸苦胃索하야

영득해탈
令得解脫이니라

불자   보살마하살   부작시념   아당이선
佛子야 菩薩摩訶薩이 復作是念호대 我當以善

근   여시회향   영일체중생   득구경
根으로 如是迴向하야 令一切衆生으로 得究竟

락 이익락   불수락   적정락   무의락   무
樂과 利益樂과 不受樂과 寂靜樂과 無依樂과 無

동락   무량락   불사불퇴락   불멸락   일체
動樂과 無量樂과 不捨不退樂과 不滅樂과 一切

보살이 이와 같이 모든 세간에서 조그만 욕락의 맛을 탐하여 한량없는 고통받음을 관찰하고는, 마침내 저 오욕락을 위하여 위없는 보리를 구하거나 보살의 행을 닦지 아니하고, 다만 일체 중생을 안락케 하기 위하여 마음을 내어 닦아 익혀서 큰 서원을 원만하게 이루며, 중생들의 모든 괴로움의 오랏줄을 끊고 해탈을 얻게 한다.

불자들이여, 보살마하살이 다시 이렇게 생각하기를 '내가 마땅히 선근으로 이와 같이 회향하고, 일체 중생으로 하여금 구경의 즐거움과

지 락
智樂이라하니라

부 작 시 념 　　아 당 여 일 체 중 생　　작 조 어
復作是念호대 **我當與一切衆生**으로 **作調御**

사　　작 주 병 신　　집 대 지 거　　시 안 은 도
師하고 **作主兵臣**하야 **執大智炬**하고 **示安隱道**하야

영 리 험 난　　이 선 방 편　　비 지 실 의
令離險難하야 **以善方便**으로 **俾知實義**라하니라

우 어 생 사 해　　작 일 체 지 선 교 선 사　　도 제 중
又於生死海에 **作一切智善巧船師**하야 **度諸衆**

생　　사 도 피 안
生하야 **使到彼岸**이니라

이익의 즐거움과 받지 않는 즐거움과 적정의 즐거움과 의지함이 없는 즐거움과 흔들림이 없는 즐거움과 한량없는 즐거움과 버리지 않고 물러나지 않는 즐거움과 멸하지 않는 즐거움과 일체지의 즐거움을 얻게 하리라.' 고 한다.

다시 이렇게 생각하기를 '내가 마땅히 일체중생에게 조복하고 다스리는 스승이 되고, 군대를 맡은 신하가 되어 큰 지혜의 횃불을 들고 안온한 길을 보여 험난함을 여의게 하며, 좋은 방편으로 진실한 뜻을 알게 하리라.

또 생사의 바다에서 일체 지혜와 좋은 기술

불자　　　보살마하살　　이제선근　　　여시회
佛子야 菩薩摩訶薩이 以諸善根으로 如是廻

향　　　　　소위수의구호일체중생　　　영출생
向하나니라 所謂隨宜救護一切衆生하야 令出生

사　　　승사공양일체제불　　　득무장애일체
死하며 承事供養一切諸佛하야 得無障礙一切

지지　　사리중마　　　원악지식　　친근일체
智智하며 捨離衆魔하고 遠惡知識하야 親近一切

보살선우　　멸제과죄　　　성취정업　　구족
菩薩善友하며 滅諸過罪하고 成就淨業하야 具足

보살광대행원무량선근
菩薩廣大行願無量善根이니라

을 가진 뱃사공이 되어 모든 중생들을 건네어 저 언덕에 이르게 하리라.'고 한다.

불자들이여, 보살마하살이 모든 선근으로 이와 같이 회향한다. 이른바 마땅함을 따라 일체 중생을 구호하여 생사에서 벗어나게 한다. 일체 모든 부처님을 받들어 섬기고 공양올리며, 장애 없는 일체지의 지혜를 얻으며, 온갖 마군을 여의며, 악지식을 멀리하고 일체 보살과 착한 벗을 친근하며, 모든 죄를 멸하고 청정한 업을 성취하며, 보살의 광대한 행과 원과 한량없는 선근을 구족케 하는 것이다.

불자　보살마하살　이제선근　　정회향
佛子야 菩薩摩訶薩이 以諸善根으로 正迴向

이　작여시념
已에 作如是念하니라

불이사천하중생　다고　다일출현　　단일
不以四天下衆生이 多故로 多日出現하고 但一

일출　　실능보조일체중생
日出하야 悉能普照一切衆生하니라

우제중생　불이자신광명고　지유주야
又諸衆生이 不以自身光明故로 知有晝夜하야

유행관찰　　홍조제업　　개유일천자출
遊行觀察하야 興造諸業하고 皆由日天子出하야

성판사사　연피일륜　단일무이
成辦斯事나 然彼日輪은 但一無二니라하니라

보살마하살　역부여시　　수집선근회향지
菩薩摩訶薩도 亦復如是하야 修集善根迴向之

불자들이여, 보살마하살이 모든 선근으로 바르게 회향하고는 이와 같이 생각한다.

'사천하의 중생들이 많은 까닭으로 많은 해가 뜨는 것이 아니고, 다만 하나의 해가 떠서 다 능히 일체 중생을 널리 비추는 것이다.

또 모든 중생들이 자신의 광명으로써 낮과 밤이 있음을 알고 유행하며 관찰하여 모든 업을 일으켜 짓는 것이 아니고, 모두 일천자가 뜨는 것으로 말미암아 이 일을 이루는 것이다. 그러나 저 해는 단지 하나뿐이고 둘이 아니다.' 라고 한다.

보살마하살도 또한 다시 이와 같아서 선근을

시 작시념언 피제중생 불능자구 하
時에 作是念言호대 彼諸衆生은 不能自救어니 何

능구타 유아일인 지독무려 수집
能救他리오 唯我一人이 志獨無侶로다하야 修集

선근 여시회향
善根하야 如是迴向이니라

소위위욕광도일체중생고 보조일체중생
所謂爲欲廣度一切衆生故며 普照一切衆生

고 시도일체중생고 개오일체중생고 고
故며 示導一切衆生故며 開悟一切衆生故며 顧

부일체중생고 섭수일체중생고 성취일
復一切衆生故며 攝受一切衆生故며 成就一

체중생고
切衆生故니라

영일체중생환희고 영일체중생열락고
令一切衆生歡喜故며 令一切衆生悅樂故며

닦고 모아서 회향할 때에 이렇게 생각하여 말하기를 '저 모든 중생들은 능히 자신도 구호하지 못하는데 어떻게 능히 남을 구제하리오. 오직 나 한 사람만이 마음에 홀로 짝이 없도다.' 라 하고 선근을 닦고 모아서 이와 같이 회향한다.

이른바 일체 중생을 널리 제도하려는 까닭이며, 일체 중생을 널리 비추려는 까닭이며, 일체 중생에게 보여 인도하려는 까닭이며, 일체 중생을 깨우치려는 까닭이며, 일체 중생을 거듭 돌보려는 까닭이며, 일체 중생을 거두어 주려는 까닭이며, 일체 중생을 성취하려는 까닭

영일체중생단의고
令一切衆生斷疑故ㅣ니라

불자　　보살마하살　　부작시념　　아응여
佛子야 菩薩摩訶薩이 復作是念호대 我應如

일　　보조일체　　불구은보　　중생　　유
日이 普照一切호대 不求恩報하야 衆生이 有

악　　　실능용수　　종불이차　이사서원
惡이라도 悉能容受하고 終不以此로 而捨誓願하나라

불이일중생악고　　사일체중생　　단근수습
不以一衆生惡故로 捨一切衆生하고 但勤修習

선근회향　　보령중생　　개득안락
善根迴向하야 普令衆生으로 皆得安樂하나라

이다.

　일체 중생으로 하여금 환희케 하려는 까닭이
며, 일체 중생으로 하여금 기쁘고 즐겁게 하
려는 까닭이며, 일체 중생으로 하여금 의심을
끊게 하려는 까닭이다.

　불자들이여, 보살마하살이 다시 이렇게 생각
하기를 '나는 마땅히 해가 일체를 널리 비추어
도 은혜 갚음을 구하지 않는 것같이, 중생들이
악함이 있더라도 모두 능히 수용하고, 마침내
이로써 서원을 버리지 않을 것이며, 한 중생이

선근수소　　보섭중생　　이환희심　　광대
善根雖少나 普攝衆生하야 以歡喜心으로 廣大

회향
迴向이니라

약유선근　　　불욕요익일체중생　　　불명회
若有善根이라도 不欲饒益一切衆生이면 不名迴

향　　수일선근　　보이중생　　이위소연
向이요 隨一善根하야 普以衆生으로 而爲所緣하야사

내명회향
乃名迴向이니라

안치중생어무소착법성회향　견중생자성
安置衆生於無所著法性迴向과 見衆生自性

악한 까닭으로 일체 중생을 버리지 않고, 다만 부지런히 선근을 닦아 회향하여 널리 중생들로 하여금 모두 안락을 얻게 하리라.'고 한다.

선근이 비록 적으나 중생들을 널리 거두어 환희한 마음으로 광대하게 회향한다.

만약 선근이 있으면서도 일체 중생을 요익하려 하지 않으면 회향이라 이름할 수 없다. 한 선근이라도 따라 널리 중생으로 반연할 바를 삼으면 이에 회향이라 이름한다.

중생을 집착할 것이 없는 법의 성품에 안치

부동부전회향　어회향　무소의무소취회
不動不轉迴向과 **於迴向**에 **無所依無所取迴**

향　불취선근상회향
向과 **不取善根相迴向**이니라

불분별업보체성회향　불착오온상회향
不分別業報體性迴向과 **不著五蘊相迴向**과

불괴오온상회향　불취업회향　불구보회
不壞五蘊相迴向과 **不取業迴向**과 **不求報迴**

향　불염착인연회향
向과 **不染著因緣迴向**이니라

불분별인연소기회향　불착명칭회향　불
不分別因緣所起迴向과 **不著名稱迴向**과 **不**

착처소회향　불착허망법회향　불착중생
著處所迴向과 **不著虛妄法迴向**과 **不著衆生**

상세계상심의상회향
相世界相心意相迴向이니라

하는 회향과, 중생의 자성이 흔들리지 않고 변하지 않음을 보는 회향과, 회향하는 데 의지함도 없고 취함도 없는 회향과, 선근의 모양을 취하지 않는 회향이다.

업과 과보의 체성을 분별하지 않는 회향과, 오온의 모양에 집착하지 않는 회향과, 오온의 모양을 깨뜨리지 않는 회향과, 업을 취하지 않는 회향과, 과보를 구하지 않는 회향과, 인연에 물들지 않는 회향이다.

인연으로 일으킨 것을 분별하지 않는 회향과, 명칭에 집착하지 않는 회향과, 처소에 집착하지 않는 회향과, 허망한 법에 집착하지 않

불기심전도상전도견전도회향　불착어언
不起心顚倒想顚倒見顚倒迴向과 不著語言

도회향　관일체법진실성회향　관일체중
道迴向과 觀一切法眞實性迴向과 觀一切衆

생평등상회향　이법계인　　인제선근회
生平等相迴向과 以法界印으로 印諸善根迴

향　관제법이탐욕회향
向과 觀諸法離貪欲迴向이니라

해일체법무　종식선근　역여시　관제
解一切法無하야 種植善根도 亦如是하며 觀諸

법무이　무생무멸회향　역여시
法無二하야 無生無滅迴向도 亦如是니라

이여시등선근회향　수행청정대치지법
以如是等善根迴向으로 修行淸淨對治之法하고

는 회향과, 중생의 모양과 세계의 모양과 마음

의 모양에 집착하지 않는 회향이다.

　마음의 전도와 생각의 전도와 소견의 전도를

일으키지 않는 회향과, 언어의 길에 집착하지 않

는 회향과, 일체 법의 진실한 성품을 관하는 회

향과, 일체 중생의 평등한 모양을 관하는 회향

과, 법계의 도장으로 모든 선근을 찍는 회향과,

모든 법의 탐욕 여읜 것을 관하는 회향이다.

　일체 법이 없음을 알아서 선근을 심음도 또한

이와 같고, 모든 법이 둘이 없음에 나지도 않고

멸하지도 않음을 관하는 회향도 또한 이와 같다.

소유선근　　개실수순출세간법　　부작이
所有善根으로 皆悉隨順出世間法하야 不作二

상
相하나니라

비즉업　수습일체지　비리업　회향일체
非卽業코 修習一切智며 非離業코 迴向一切

지　일체지　비즉시업　연불리업　득일
智라 一切智가 非卽是業이나 然不離業코 得一

체지
切智니라

이업여광영청정고　보역여광영청정　　보
以業如光影淸淨故로 報亦如光影淸淨하며 報

여광영청정고　일체지지　역여광영청정
如光影淸淨故로 一切智智도 亦如光影淸淨하야

이아아소　일체동란사유분별　　여시요
離我我所의 一切動亂思惟分別이라 如是了

　이와 같은 등 선근의 회향으로써 청정하게 대치하는 법을 수행하여 있는 바 선근으로 모두 다 출세간법을 수순하여 둘이라는 모양을 짓지 아니한다.

　업에 즉하여 일체지를 닦아 익히는 것이 아니며, 업을 여의고 일체지에 회향하는 것도 아니며, 일체지가 곧 이 업이 아니지만 그러나 업을 떠나서 일체지를 얻는 것도 아니다.

　업은 빛그림자와 같이 청정하므로 과보도 또한 빛그림자와 같이 청정하며, 과보가 빛그림자와 같이 청정하므로 일체지의 지혜도 또한 빛그림자와 같이 청정하여, '나'와 '내 것'이라

지　　이제선근방편회향
知하야 以諸善根方便迴向하나니라

보살　여시회향지시　도탈중생　상무휴
菩薩이 如是迴向之時에 度脫衆生하야 常無休

식　부주법상　수지제법　무업무보　선
息호대 不住法相하며 雖知諸法이 無業無報나 善

능출생일체업보　이무위쟁　여시방편
能出生一切業報하야 而無違諍하야 如是方便으로

선수회향
善修迴向이니라

보살마하살　여시회향시　이일체과　제
菩薩摩訶薩이 如是迴向時에 離一切過일새 諸

불소찬
佛所讚이시니라

는 일체 흔들림과 사유와 분별을 여의었다. 이
와 같이 분명히 알아서 모든 선근의 방편으로
회향하는 것이다.

　보살이 이와 같이 회향할 때에 중생들을 제
도하여 해탈시키나, 항상 휴식함이 없고 법의
모양에 머무르지도 않는다. 비록 모든 법이 업
도 없고 과보도 없음을 알지만, 일체 업과 과
보를 잘 능히 내어서 어기거나 다투지 아니하
니, 이와 같은 방편으로 잘 회향을 닦는다.
　보살마하살이 이와 같이 회향할 때에 일체
허물을 여의어서 모든 부처님께서 찬탄하시는

불자 시위보살마하살 제일구호일체중
佛子야 是爲菩薩摩訶薩의 第一救護一切衆

생   이중생상회향
生호대 離衆生相迴向이니라

이시   금강당보살   관찰시방일체중회   기
爾時에 金剛幢菩薩이 觀察十方一切衆會와 暨

우법계   입심구의   이무량심   수습승
于法界하사 入深句義하야 以無量心으로 修習勝

행   대비보부일체중생   부단삼세제여
行하며 大悲普覆一切衆生하사 不斷三世諸如

래종   입일체불공덕법장   출생일체제
來種하며 入一切佛功德法藏하사 出生一切諸

바이다.

불자들이여, 이것이 보살마하살의 첫째 일체 중생을 구호하되 중생이라는 상을 여읜 회향이다.”

이때에 금강당 보살이 시방의 일체 대중모임과 법계를 관찰하고, 깊은 문구와 뜻에 들어서 한량없는 마음으로 수승한 행을 닦아 익혀서, 대비로 일체 중생을 널리 덮어 삼세 모든 여래의 종성을 끊지 않으며, 일체 부처님의 공덕법장에 들어가 일체 모든 부처님의 법신

불법신　　선능분별제중생심　　지기소종
佛法身하며 善能分別諸衆生心하사 知其所種

선근성숙　　주어법신　　이위시현청정색
善根成熟하며 住於法身하사 而爲示現淸淨色

신　　승불신력　　즉설송언
身하고 承佛神力하사 卽說頌言하시니라

을 출생하며, 모든 중생들의 마음을 잘 능히 분별하여 그들이 심은 선근이 성숙함을 알고, 법신에 머무르면서 청정한 색신을 나타내 보이고, 부처님의 위신력을 받들어 곧 게송을 설하여 말씀하였다.

부사의겁수행도
不思議劫修行道하야

정진견고심무애
精進堅固心無礙라

위욕요익군생류
爲欲饒益群生類하야

상구제불공덕법
常求諸佛功德法이로다

조어세간무등인
調御世間無等人이

수치기의심명결
修治其意甚明潔하야

발심보구제함식
發心普救諸含識하니

피능선입회향장
彼能善入迴向藏이로다

용맹정진력구족
勇猛精進力具足하고

지혜총달의청정
智慧聰達意清淨하야

보구일체제군생
普救一切諸群生호대

기심감인불경동
其心堪忍不傾動이로다

부사의한 겁 동안 도를 닦아 행하여
정진하는 견고한 마음 걸림 없으며
군생의 부류를 요익케 하기 위하여
모든 부처님의 공덕 법을 항상 구하도다.

세간을 조어하는 같을 이 없는 사람이
그 뜻을 닦아 다스려서 매우 밝고 깨끗하여
마음을 내어 모든 중생들을 널리 건지니
그가 능히 회향의 창고에 잘 들도다.

용맹하게 정진하여 힘을 갖추고
지혜가 총명하고 뜻도 청정하여
일체 모든 군생들을 널리 건지니
그 마음 견디고 참아 움직이지 않도다.

심선안주무여등
心善安住無與等하고

의상청정대환열
意常淸淨大歡悅하야

여시위물근수행
如是爲物勤修行하니

비여대지보용수
譬如大地普容受로다

불위자신구쾌락
不爲自身求快樂하고

단욕구호제중생
但欲救護諸衆生하야

여시발기대비심
如是發起大悲心하야

질득입어무애지
疾得入於無礙地로다

시방일체제세계
十方一切諸世界에

소유중생개섭수
所有衆生皆攝受하나니

위구피고선주심
爲救彼故善住心하야

여시수학제회향
如是修學諸迴向이로다

마음이 잘 안주하여 더불어 같을 이 없고
뜻이 항상 청정하여 크게 기쁘며
이와 같이 중생 위해 부지런히 수행하니
비유하면 대지가 널리 수용함과 같도다.

자신을 위해 쾌락을 구하지 아니하고
다만 모든 중생들을 구호하려고
이와 같이 대비심을 일으키니
걸림 없는 지위에 빨리 들도다.

시방의 일체 모든 세계에
있는 바 중생들을 다 섭수하여
그들을 구호하기 위해 마음을 잘 머물러서
이와 같이 모든 회향을 닦고 배우도다.

수행보시대흔열
修行布施大欣悅하고

호지정계무소범
護持淨戒無所犯하며

용맹정진심부동
勇猛精進心不動하야

회향여래일체지
迴向如來一切智로다

기심광대무변제
其心廣大無邊際하야

인력안주불경동
忍力安住不傾動하며

선정심심항조료
禪定甚深恒照了하고

지혜미묘난사의
智慧微妙難思議로다

시방일체세계중
十方一切世界中에

구족수치청정행
具足修治淸淨行하고

여시공덕개회향
如是功德皆迴向하야

위욕안락제함식
爲欲安樂諸含識이로다

보시를 수행하여 크게 기쁘고
청정한 계를 호지하여 범하는 바가 없으며
용맹 정진하는 마음이 흔들리지 아니하여
여래의 일체지에 회향하도다.

그 마음이 넓고 커서 끝이 없고
참는 힘으로 안주하여 흔들림 없으며
선정이 매우 깊어 항상 비추어서
지혜가 미묘하여 사의하기 어렵도다.

시방의 일체 세계 가운데
청정한 행을 구족하여 닦아 다스리고
이와 같은 공덕을 다 회향하여
모든 중생들을 안락케 하려 하도다.

대사근수제선업
大士勤修諸善業이

무량무변불가수
無量無邊不可數라

여시실이익중생
如是悉以益衆生하야

영주난사무상지
令住難思無上智로다

보위일체중생고
普爲一切衆生故로

부사의겁처지옥
不思議劫處地獄호대

여시증무염퇴심
如是曾無厭退心하야

용맹결정상회향
勇猛決定常迴向이로다

불구색성향여미
不求色聲香與味하며

역불희구제묘촉
亦不希求諸妙觸하고

단위구도제군생
但爲救度諸群生하야

상구무상최승지
常求無上最勝智로다

대사가 모든 선업을 부지런히 닦아
한량없고 가없어 셀 수 없음이라
이와 같이 모두 중생들을 이익케 하여
사의하기 어렵고 위없는 지혜에 머무르게 하도다.

널리 일체 중생을 위하는 까닭으로
부사의한 겁 동안 지옥에 있어도
이와 같이 일찍이 싫어하거나 퇴전하는 마음 없어
용맹하게 결정하여 항상 회향하도다.

빛과 소리와 향기와 맛을 구하지 않고
또한 모든 미묘한 촉각도 희구하지 않으며
다만 모든 군생들을 구제하기 위하여
위없는 가장 수승한 지혜를 항상 구하도다.

지혜청정여허공
智慧淸淨如虛空하야

수습무변대사행
修習無邊大士行호대

여불소행제행법
如佛所行諸行法을

피인여시상수학
彼人如是常修學이로다

대사유행제세계
大士遊行諸世界하야

실능안은제군생
悉能安隱諸群生하며

보사일체개환희
普使一切皆歡喜하야

수보살행무염족
修菩薩行無厭足이로다

제멸일체제심독
除滅一切諸心毒하고

사유수습최상지
思惟修習最上智하야

불위자기구안락
不爲自己求安樂이요

단원중생득이고
但願衆生得離苦로다

지혜가 청정하기 허공과 같아서
가없는 대사의 행을 닦아 익히며
부처님의 행하시던 바와 같은 모든 행법을
저 사람이 이와 같이 항상 닦아 배우도다.

대사가 모든 세계를 유행하여
능히 모든 군생들을 다 안온하게 하고
널리 일체로 하여금 다 환희케 하되
보살행을 닦는 일 만족해 싫어함이 없도다.

일체 모든 마음의 독을 없애버리고
가장 높은 지혜를 사유하여 닦아 익히되
자기를 위해 안락을 구하지 아니하고
다만 중생들이 고통 여의기를 원하도다.

차인회향득구경
此人迴向得究竟하야

심상청정이중독
心常淸淨離衆毒하니

삼세여래소부촉
三世如來所付囑으로

주어무상대법성
住於無上大法城이로다

미증염착어제색
未曾染著於諸色하며

수상행식역여시
受想行識亦如是하야

기심영출어삼유
其心永出於三有하고

소유공덕진회향
所有功德盡迴向이로다

불소지견제중생
佛所知見諸衆生을

진개섭취무유여
盡皆攝取無有餘하야

서원개령득해탈
誓願皆令得解脫하고

위피수행대환희
爲彼修行大歡喜로다

이 사람의 회향이 구경에 가서
마음이 항상 청정하여 온갖 독을 여의니
삼세의 여래께서 부촉하신 바대로
위없는 큰 법의 성에 머무르도다.

일찍이 모든 색에 물들지 않고
수와 상과 행과 식도 또한 이와 같아서
그 마음이 삼유에서 길이 벗어나
있는 바 공덕을 다 회향하도다.

부처님께서 알고 보시는 모든 중생들을
모두 다 거두어서 남김이 없이
다 해탈을 얻게 하기를 서원하고
그들을 위해 수행하며 크게 환희하도다.

기심염념항안주
其心念念恒安住하야

지혜광대무여등
智慧廣大無與等하고

이치정념상적연
離癡正念常寂然하니

일체제업개청정
一切諸業皆清淨이로다

피제보살처어세
彼諸菩薩處於世호대

불착내외일체법
不著內外一切法하니

여풍무애행어공
如風無礙行於空하야

대사용심역부연
大士用心亦復然이로다

소유신업개청정
所有身業皆清淨하며

일체어언무과실
一切語言無過失하고

심상귀향어여래
心常歸向於如來하야

능령제불실환희
能令諸佛悉歡喜로다

그 마음 생각생각 항상 안주하고
지혜도 넓고 커서 더불어 같을 이 없으니
어리석음을 여읜 바른 생각 항상 고요하여
일체 모든 업이 다 청정하도다.

저 모든 보살들이 세상에 있어도
안과 밖 일체 법에 집착이 없으니
마치 바람이 걸림 없이 허공에 불듯이
대사의 마음 씀도 또한 다시 그러하도다.

있는 바 몸으로 짓는 업이 모두 청정하고
일체 언어도 과실이 없으며
마음은 항상 여래께 향하여 돌아가
모든 부처님께서 다 환희하시게 하도다.

시방무량제국토
十方無量諸國土의

소유불처개왕예
所有佛處皆往詣하야

어중도견대비존
於中覩見大悲尊하고

미불공경이첨봉
靡不恭敬而瞻奉이로다

심상청정이제실
心常淸淨離諸失하고

보입세간무소외
普入世間無所畏하야

이주여래무상도
已住如來無上道하고

부위삼유대법지
復爲三有大法池로다

정근관찰일체법
精勤觀察一切法하며

수순사유유비유
隨順思惟有非有하고

여시취어진실리
如是趣於眞實理하야

득입심심무쟁처
得入甚深無諍處로다

시방의 한량없는 모든 국토에
있는 바 부처님 처소에 다 나아가
그 가운데서 대비 세존을 친견하고
공경하여 우러러 받들지 아니함이 없도다.

마음이 항상 청정하여 모든 허물을 여의고
널리 세간에 들어가도 두려울 바 없어서
이미 여래의 위없는 도에 머무르고
다시 삼유의 큰 법의 못이 되도다.

일체 법을 부지런히 관찰하고
있음과 있지 않음을 수순하여 사유하며
이와 같이 진실한 이치에 나아가
매우 깊고 다툼이 없는 곳에 들어가도다.

이차수성견고도
以此修成堅固道하니

일체중생막능괴
一切衆生莫能壞라

선능요달제법성
善能了達諸法性하야

보어삼세무소착
普於三世無所著이로다

여시회향도피안
如是迴向到彼岸하야

보사군생이중구
普使群生離衆垢하고

영리일체제소의
永離一切諸所依하야

득입구경무의처
得入究竟無依處로다

일체중생어언도
一切衆生語言道가

수기종류각차별
隨其種類各差別이어든

보살실능분별설
菩薩悉能分別說호대

이심무착무소애
而心無著無所礙로다

이로써 견고한 도를 닦아 이루니
일체 중생이 깨뜨릴 수 없으며
모든 법의 성품을 잘 능히 요달하여
널리 삼세에 집착하는 바가 없도다.

이와 같이 회향하여 피안에 이르러
널리 군생들이 온갖 때를 여의게 하고
일체 모든 의지하는 바를 길이 여의어서
구경에 의지할 데 없는 곳에 들게 하도다.

일체 중생의 언어의 길이
그 종류를 따라 각각 차별한데
보살이 모두 능히 분별하여 설하되
마음에 집착 없고 걸리는 바도 없도다.

보살여시수회향　　　　공덕방편불가설
菩薩如是修迴向하니　　**功德方便不可說**이라

능령시방세계중　　　　일체제불개칭탄
能令十方世界中에　　**一切諸佛皆稱歎**이로다

〈大方廣佛華嚴經 卷第二十三〉

보살이 이와 같이 회향을 닦아
공덕이나 방편을 말할 수 없고
능히 시방의 모든 세계 가운데
일체 모든 부처님께서 다 칭찬하시도다.

大方廣佛華嚴經
부록

•

대방광불화엄경 목차

•

간행사

대방광불화엄경
목차

〈제1회〉

제1권 제1품 세주묘엄품 [1]

제2권 제1품 세주묘엄품 [2]

제3권 제1품 세주묘엄품 [3]

제4권 제1품 세주묘엄품 [4]

제5권 제1품 세주묘엄품 [5]

제6권 제2품 여래현상품

제7권 제3품 보현삼매품

　　　　제4품 세계성취품

제8권 제5품 화장세계품 [1]

제9권 제5품 화장세계품 [2]

제10권 제5품 화장세계품 [3]

제11권 제6품 비로자나품

〈제2회〉

제12권 제7품 여래명호품

　　　　제8품 사성제품

제13권 제9품 광명각품

　　　　제10품 보살문명품

제14권 제11품 정행품

　　　　제12품 현수품 [1]

제15권 제12품 현수품 [2]

〈제3회〉

제16권 제13품 승수미산정품

　　　　제14품 수미정상계찬품

　　　　제15품 십주품

제17권 제16품 범행품

　　　　제17품 초발심공덕품

제18권 제18품 명법품

〈제4회〉

__제19권__ 제19품 승야마천궁품

　　　　　제20품 야마궁중게찬품

　　　　　제21품 십행품 [1]

__제20권__ 제21품 십행품 [2]

__제21권__ 제22품 십무진장품

〈제5회〉

__제22권__ 제23품 승도솔천궁품

__제23권__ __제24품 도솔궁중게찬품__

　　　　　__제25품 십회향품 [1]__

__제24권__ 제25품 십회향품 [2]

__제25권__ 제25품 십회향품 [3]

__제26권__ 제25품 십회향품 [4]

__제27권__ 제25품 십회향품 [5]

__제28권__ 제25품 십회향품 [6]

__제29권__ 제25품 십회향품 [7]

__제30권__ 제25품 십회향품 [8]

__제31권__ 제25품 십회향품 [9]

__제32권__ 제25품 십회향품 [10]

__제33권__ 제25품 십회향품 [11]

〈제6회〉

__제34권__ 제26품 십지품 [1]

__제35권__ 제26품 십지품 [2]

__제36권__ 제26품 십지품 [3]

__제37권__ 제26품 십지품 [4]

__제38권__ 제26품 십지품 [5]

__제39권__ 제26품 십지품 [6]

〈제7회〉

__제40권__ 제27품 십정품 [1]

__제41권__ 제27품 십정품 [2]

__제42권__ 제27품 십정품 [3]

__제43권__ 제27품 십정품 [4]

__제44권__ 제28품 십통품

　　　　　제29품 십인품

__제45권__ 제30품 아승지품

　　　　　제31품 수량품

　　　　　제32품 제보살주처품

__제46권__ 제33품 불부사의법품 [1]

__제47권__ 제33품 불부사의법품 [2]

제48권 제34품 여래십신상해품

　　　　 제35품 여래수호광명공덕품

제49권 제36품 보현행품

제50권 제37품 여래출현품 [1]

제51권 제37품 여래출현품 [2]

제52권 제37품 여래출현품 [3]

〈제8회〉

제53권 제38품 이세간품 [1]

제54권 제38품 이세간품 [2]

제55권 제38품 이세간품 [3]

제56권 제38품 이세간품 [4]

제57권 제38품 이세간품 [5]

제58권 제38품 이세간품 [6]

제59권 제38품 이세간품 [7]

〈제9회〉

제60권 제39품 입법계품 [1]

제61권 제39품 입법계품 [2]

제62권 제39품 입법계품 [3]

제63권 제39품 입법계품 [4]

제64권 제39품 입법계품 [5]

제65권 제39품 입법계품 [6]

제66권 제39품 입법계품 [7]

제67권 제39품 입법계품 [8]

제68권 제39품 입법계품 [9]

제69권 제39품 입법계품 [10]

제70권 제39품 입법계품 [11]

제71권 제39품 입법계품 [12]

제72권 제39품 입법계품 [13]

제73권 제39품 입법계품 [14]

제74권 제39품 입법계품 [15]

제75권 제39품 입법계품 [16]

제76권 제39품 입법계품 [17]

제77권 제39품 입법계품 [18]

제78권 제39품 입법계품 [19]

제79권 제39품 입법계품 [20]

제80권 제39품 입법계품 [21]

간 행 사

　귀의삼보 하옵고,

　『대방광불화엄경』의 수지 독송과 유통을 발원하면서 수미정사 불전연구원에서『독송본 한문·한글역 대방광불화엄경』과『사경본 한글역 대방광불화엄경』을 편찬하여 간행하게 되었습니다.

　『화엄경』은 우리나라에 전래된 이래 일찍부터 사경되고 주석·강설되어 왔으며 근현대에 이르러서는『화엄경』의 한글 번역과 연구도 부쩍 많이 이루어졌습니다. 그만큼『화엄경』이 우리 불자님들의 신행과 해탈에 큰 의지처가 되었던 것임을 알 수 있습니다.

　『화엄경』을 독송하고 사경하는 공덕은 설법 공덕과 함께 크게 강조되어 왔습니다. 그리하여 수미정사 불전연구원에서도『화엄경』(80권)을 독송하고 사경하는 데 도움이 되도록 한문 원문과 한글역을 함께 수록한 독송본과 한글역의 사경본『화엄경』 간행불사를 발원하였습니다. 이『화엄경』 간행불사에 뜻을 같이하여 적극 후원해주신 스님들과 재가 불자님들께 깊이 감사드립니다. 또한『화엄경』을 수지 독송할 수 있도록 경책의 모습으로 장엄해 주신 편집위원들과 담앤북스 출판사 관계자들께도 고마움을 표합니다.

　끝으로 이 불사의 원만 회향으로『화엄경』이 널리 유통되고, 온 법계에 부처님의 가피가 충만하시길 기원드립니다.

　나무 대방광불화엄경

불기 2564년 '부처님오신날'을 봉축하며
수미해주 합장

위태천신(동진보살)

수미해주 須彌海住

동국대학교 명예교수
중앙승가대학교 법인이사
대한불교조계종 수미정사 주지

독송본 한문·한글역

대방광불화엄경 제23권

| 초판 1쇄 발행_ 2022년 4월 24일

| **엮은이**_ 수미해주
| **엮은곳**_ 수미정사 불전연구원
| **편집위원**_ 해주 수정 경진 선초 정천 석도 박보람 최원섭
| **편집보**_ 무이 무진 지욱 혜명

| **펴낸이**_ 오세룡
| **펴낸곳**_ 담앤북스
　　　　　서울특별시 종로구 새문안로3길 23 경희궁의 아침 4단지 805호
　　　　　대표전화 02)765-1251　전자우편 damnbooks@hanmail.net
　　　　　출판등록 제300-2011-115호
| ISBN_ 979-11-6201-366-3　04220

정가 15,000원
ⓒ 수미해주 2022